# Le vent dans les voiles...

Photographies de la page couverture :
*La joie des vacances* de Carole Caron
*Fred Perry* de Dominick Martin
*Musique au Petit-Champlain* de Nancy Asselin
Texte manuscrit de Carole Lussier


Illustration et graphisme : Dan Chrétien
Typographie et mise en page : Julie Lapalme



Carole Lussier & Les éditions *Aveline*

1053, rue De Valcartier
Montréal (Québec), Canada
H2P 1P9

Bureau : 514.270.9070
**aveline@carole-lussier.com**
**www.carole-lussier.com**

Dépôt légal :
Bibliothèque nationale du Québec
Bibliothèque nationale du Canada
Troisième trimestre 2010

*Ce livre est dédié à tous les auteurs en devenir.*

*Puisse-t-il mettre ce rêve à votre portée
et vous projeter dans la réalité de ses lendemains.*

# REMERCIEMENTS

À CaroH, Carole Caron, Christiane Doré, Dominick Martin, Élaine Bertrand, Gisèle L'Épicier, Hélène Filiatreault, Marmo, Nancy Asselin et Patricia Bellerose.

Nos plus sincères remerciements.

Vos toiles ont été une source d'inspiration réelle. Non seulement êtes-vous tous et toutes des artistes dotés d'un incroyable talent, mais vous nous avez donné le bonheur de rencontrer, à travers vos couleurs, des gens sympathiques et vraiment généreux.

C'est la magie qui transcende de vos pinceaux qui nous a portés à y prêter nos plumes. Ce recueil n'aurait très certainement pas vu le jour sous cette forme sans la vôtre, votre passion.

C'est donc avec gratitude que nous vous présentons aujourd'hui ce deuxième volume de…

*je plume et tu pinceaux.*

# PROLOGUE

Il est impressionnant de constater qu'une simple petite idée venue comme ça, de nulle part, puisse un jour aboutir à l'élaboration de si beaux et si grands projets. Quoique l'histoire l'ait pourtant maintes fois démontré, ça demeure et ça restera toujours un sujet de fascination en soi.

Lorsque j'ai lancé Carole Lussier sur le Web, j'avoue que je ne m'attendais pas à y faire de si belles rencontres. Depuis six ans, j'ai quotidiennement le bonheur de faire la connaissance de personnes chaleureuses, généreuses et profondément sincères avec lesquelles non seulement je partage la même passion, mais avec lesquelles je me suis aussi très vite liée d'amitié.

La même passion…

Ah, l'écriture! Cet art prenant et merveilleux qui permet de réinventer les mondes en les teintant aux couleurs du jour ou à celles de l'avenir qu'on veut bien leur donner. C'est l'art de l'imaginaire, celui de la création, et tout comme le peintre avec ses pinceaux, il nous suffit de coucher la pensée sur le papier pour qu'elle devienne ensuite réalité aux yeux de ceux qui, plus tard, viendront y plonger. Il n'y a pas plus beau métier au monde que celui de l'artiste. Chanteurs, comédiens, artisans, sculpteurs, peintres ou écrivains, tous ceux qui le pratiquent vous le diront. Mais le métier d'écrivain en est un de profond paradoxe puisque sans vous, lecteur, il n'est rien. L'artiste ne peut atteindre l'accomplissement qu'au moment où l'œuvre a trouvé sa valeur et l'œuvre ne peut trouver sa valeur qu'en vos sens et le jugement qu'ils voudront lui porter. Que ce livre se trouve entre vos mains n'est peut-être donc pas un simple hasard. J'ose croire que vous l'espériez. Chose certaine, vous l'avez choisi.

C'est pour vous que ces peintres et ces écrivains se sont réunis, ici, dans ce recueil, et c'est avec une grande fierté que je partage, encore une fois, ces quelques pages avec eux. Ce sont des artistes de grand talent qui possèdent également la détermination qui provoque la réussite et ce livre, j'en suis certaine, est le pied posé dans cet avenir qui, tôt ou tard, vous parlera d'eux.

Je vous souhaite donc, en mon nom et en le leur, un instant merveilleux. Et puisse-t-il vous marquer de cette irrésistible envie, celle de vouloir y revenir.


Carole

# Les œuvres

*Dans ma peau*, CaroH

*La joie des vacances*, Carole Caron

*Le rêve de mon père*, Christiane Doré

*Fred Perry*, Dominick Martin

*Regard vers l'avenir*, Élaine Bertrand

*La bohémienne,* Gisèle L'Épicier

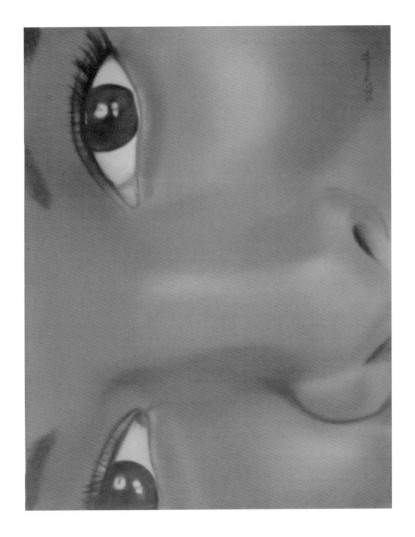

*Maggie*, Hélène Filiatreault

*Moutons dans la brume,* Marmo

*Musique au Petit-Champlain*, Nancy Asselin

*Eaux vives, Parc des Chutes Monte-à-Peine-et-des-Dalles,*
Patricia Bellerose

Annie Cossette

# Je me trouvais là

*Tout corps couché prend la ligne de l'horizon de l'âme.*
*L'endormi devient le réveillé de l'ombre. Platon*

Je me trouvais là, dans la salle de bain, avec cette toile que je venais tout juste de décrocher. La colère me donnait le geste brusque et mes pensées virevoltaient. Je repensais à la façon dont je l'avais trouvée, aux quatre années pendant lesquelles elle avait trôné dans l'entrée au-dessus du petit meuble en bois sous lequel nous camouflions nos souliers, mes colocataires et moi, et sur lequel on avait agencé les souvenirs de voyage ramenés par des amis, et que l'on n'osait jeter. Par la suite, lorsque nous avions rénové l'appartement, c'est au-dessus de la baignoire sur pattes que l'œuvre avait été installée.

Je repensais au nombre d'amis, de connaissances et à mes deux colocataires qui avaient posé leurs yeux sur la toile sans rien dire depuis les six ans que je l'avais. Les amants aussi faisaient grossir le nombre, cette période en ayant été une de turpitude émotive. Je me remémorais la surprise des gens lorsque je leur racontais comment j'avais trouvé cette toile et leur étonnement manifeste que je n'avais pas su interpréter. Comment avais-je pu ne pas comprendre ?

Je me souviens de cette journée où je l'ai trouvée. Étudiant et travaillant à temps partiel, c'était l'époque où, lorsque je prenais une marche avec mon chien Porto, je parcourais les ruelles à proximité de notre appartement. Dans le Mile-End et dans les ruelles d'Outremont, c'est fou ce qu'on peut dénicher parfois. Notre appartement était meublé de ces péripéties : la table de salon, l'étagère dans la salle de bain, le meuble d'entrée, un petit fauteuil dans ma chambre et nos six chaises dépareillées et repeintes aux couleurs vives dans la cuisine provenaient tous de ces promenades dans les ruelles.

Cette toile, ce qu'il y avait de particulier, c'est qu'il m'avait semblé qu'elle avait été mise spécifiquement à la ruelle pour moi. En effet, si le trajet de mes promenades est modifié au gré de mes humeurs, la constante est ce petit bout de ruelle que je prends de notre cour arrière jusqu'à Bernard, tant à l'aller qu'au retour. Cette fois-là, la toile n'était pas là à mon départ et à mon arrivée, elle y était bien à la vue.

— Quelle chance ! m'étais-je exclamée.

Généralement mes découvertes étaient sous une pile de boîtes, à l'envers ou du moins pas trop visibles aux passants. Je n'avais jamais eu l'occasion de tomber sur un objet qui me plaisait et qui était si exposé. Lorsque je l'ai vue, les larmes me sont montées aux yeux. L'esthétique de cette toile me plaisait : les couleurs à la fois douces et chaudes, le coup de pinceau à la fois tranché et délicat. Le corps qu'on y voyait, un buste de femme en fait, semblait profiter langoureusement d'une petite escapade au soleil. Un sentiment de joie, de chaleur, semblait inonder la toile : une sensualité à la fois naïve et spontanée.

Je ne pouvais comprendre que quelqu'un puisse vouloir se débarrasser d'une toile semblable. Les meubles, à la rigueur, suite à un changement de décor, une nouvelle copine ou un nouveau copain qui emménage, je comprenais. Mais une toile ?

Deux minutes plus tard, c'est donc avec une curiosité tout de même un peu blasée que mes colocataires avaient regardé ma dernière trouvaille. Un peu de soulagement aussi, car un tableau, ça peut défaire un décor. Je leur avais partagé mon incompréhension face aux motivations de se débarrasser d'une telle œuvre. Fidèles à nos habitudes, nous commençâmes instantanément à délirer sur les scénarios possibles. Mon colocataire de l'époque, Geoffroy, avait émis l'hypothèse que c'était sans doute le nu – portrait d'une ancienne flamme – et la jalousie de la nouvelle copine. Danielle, toujours aussi intense, avait imaginé une rupture dramatique avec jugement en cour enlevant la garde des enfants et des animaux et demandant des millions de dollars, le genre de situation où j'aurais plus eu envie de jouer aux fléchettes avec ledit tableau que de le jeter à la ruelle ! De mon côté, je penchais plus vers l'artiste constamment insatisfait de son œuvre et je regrettais un temps de l'avoir prise, me disant que si c'était le cas, l'artiste en question avait sûrement déjà des regrets.

Nous avions ensuite discuté de l'endroit où l'installer. Je ne me sentais pas à l'aise d'avoir un nu dans ma chambre, trouvant la chose trop explicite. Nous avions fait le tour des pièces. Avec la couleur orangée du salon et de la cuisine, les reproductions de Kandinski et de Sonya Delaunay et deux toiles de mon ami Gilbert (à vrai dire, les seules toiles originales que je possédais avant de trouver celle-ci étaient des œuvres signées G. Boulet gracieuseté d'un ami n'aimant pas trop les murs blancs), le nu ne faisait guère bon ménage. Finalement, le consensus se fit pour notre petite entrée. Je déplaçai une toile de Gilbert et l'accrochai dans ma chambre en me disant que cet ami serait flatté de céder sa place à une si charmante dame. Il m'en fit d'ailleurs la remarque lors d'une de ses visites.

Les colocataires s'étaient succédés. Danielle allant habiter avec son copain, Geoffroy étant retourné à la campagne. J'accueillis par la suite des Européens qui ne restèrent que quelques mois. La toile resta là, à l'entrée, jusqu'à ce que Paul, amant occasionnel, commence à être de moins en moins occasionnel. S'il avait fallu au moins un an de fréquentation avant que « l'étape de la brosse à dents » soit franchie, l'ordi et le bureau avaient suivi de peu. Lors de la rénovation de la salle de bain, on avait sélectionné pour nos murs et nos accessoires des tons d'ocre et de bronze. Ces changements nous emmenèrent à enlever encore une fois un cadre de Gilbert (décidément !) et nous choisîmes alors d'y installer ce nu.

Pendant toutes ces années, on m'a souvent questionnée à propos de cette toile. Je racontais comment je l'avais trouvée, juste en arrière, à l'arrivée de notre promenade. J'avais souvent vu d'étranges expressions sur les visages, des interrogations que je n'avais pas su interpréter. Et c'est par un beau matin, alors que Paul et moi brossions tranquillement nos dents que LA question était tombée. Ce dernier, tout avenant, m'avait demandé :

— Maintenant tu peux le dire, tu sais que je ne suis pas jaloux... Il y a longtemps que tu as posé nue pour ce peintre ? Et qui était-il ?

C'est à ce moment que j'ai regardé la toile avec un œil nouveau. Les proportions, les vertèbres qu'on devine, la texture de la peau, la taille, les hanches, les seins... Comment n'avais-je pas réalisé que c'était de moi qu'il s'agissait ? Pour reproduire mon corps avec une telle netteté, une photo avait dû être utilisée ou quelqu'un m'avait longuement observée. Qui ? Comment ? Pourquoi ? Pourquoi cette mise en scène dans la ruelle ? Et du coup, je réalisais l'incongruité à exposer cette toile moi : enlever) à tous ces regards.

L'impression d'être utilisée, trahie, ridiculisée me poignarda. Et je me demandai quoi en faire. La jeter ?... Non, de peur que quelqu'un la récupère. La briser ?... Non, l'ensemble était magnifique. J'aurais éprouvé des remords en détruisant tant de travail et de talent. La donner ?... Sûrement pas !

À court d'idées, j'optai pour la déposer au sous-sol, le temps de penser à son avenir.

~

Bien des semaines plus tard, je suis descendue au sous-sol pour aller chercher un quelconque outil. Mon regard croisa le tableau que j'avais placé à l'envers, contre un mur. Je ne pus m'empêcher de le regarder à nouveau. Le charme initial opéra. La chaleur et la douceur ressentie au départ m'envahirent. J'appréciai à nouveau la finesse du travail de l'artiste. Sans réfléchir, je décidai de le remonter et de l'installer au-dessus de la baignoire. Quelle que soit son histoire, c'est vraiment un beau tableau. Et un bel hommage, malgré tout.

# Un appel d'une dame

*Il faudrait montrer les tableaux qui sont sous le tableau.*
Pablo Picasso

Un appel d'une dame m'annonça le décès de mon oncle Christian, le frère de mon père. J'appris par la même occasion que cet oncle habitait depuis plusieurs années Pointe-à-Pitre. Bien que je n'aie pas été convoquée par le notaire, cette dame me dit que peu de temps avant son décès, il avait émis le souhait de me remettre quelque chose.

La dame parlait avec calme et sérénité. Aux intonations de sa voix, je percevais néanmoins une tristesse profonde. Ne voulant pas heurter ses sentiments, je n'osai pas questionner davantage. Mon interlocutrice semblait convaincue que les dernières volontés de son ami justifiaient un déplacement précipité en Guadeloupe.

— Votre oncle voulait que je vous remette son cadeau en personne. Dans dix-huit jours, je quitte pour le Mali où je résiderai les six prochains mois…

En raccrochant, l'idée de ne pas y aller me traversa l'esprit. Que pouvait donc avoir à léguer cet oncle marginal à l'existence nomade ? Pouvais-je laisser mon entreprise quelques jours, juste avant la rentrée littéraire ? Si l'édition est une passion qui m'habite depuis toujours, les périodes de travail intensif qui précèdent la saison automnale m'épuisent. Prendre quelques jours allait m'obliger à mettre les bouchées doubles en rentrant, alors que les journées seraient déjà fort bien remplies. Quel dommage que ma mère soit maintenant enfermée dans son monde, la maladie d'Alzheimer. Ses conseils auraient été si précieux.

J'envoyai un courriel à Julie, mon agente de voyage, qui a toujours su me dénicher la solution idéale. Deux heures plus tard, elle me rappelait :

— Il n'y a plus de billets sur les vols réguliers. Seulement sur les vols nolisés. Le hic est que tu dois partir une semaine, mais j'ai tout vérifié. Tu pourras travailler sur place avec ton portable.

J'ai quand même tergiversé pendant deux jours avant de confirmer.

J'arrivai donc à Pointe-à-Pitre en début d'après-midi et c'est en autocar que je me rendis à un hôtel de Gosier, à vingt minutes de là. Je me sentais totalement incongrue dans cette atmosphère effervescente qui faisait le bonheur des autres voyageurs. J'avais hâte de m'installer et de travailler un peu.

Dans l'avion, j'avais développé une stratégie et je désirais en discuter avec notre relationniste de presse. Nous lancions un bouquin polémiste et l'expérience m'avait démontré que lorsqu'on s'attaque par écrit au pouvoir en place, les brigades d'avocats ne sont jamais loin. Comme éditrice, je savais que je serais à nouveau sur la sellette et j'avais perdu le goût de ce cirque médiatique. Le bouquin en valait néanmoins la peine et j'avais pris la décision de le publier. Après ce coup de fil m'assurant que je recevrais sous peu les documents que j'attendais, j'allais téléphoner à cette Béatrice Ginoux, amie de mon oncle, pour prendre rendez-vous.

Si le premier appel s'était bien passé, le second n'eut pas le résultat escompté. Le numéro de Béatrice était celui d'une clinique. Ce fut sa secrétaire qui me répondit :

— Mme Ginoux vous rappellera après ses consultations. Elle laissera un message à votre hôtel.

Déçue, je défis mes valises et je constatai que je ne pouvais avoir accès à Internet à partir de ma chambre. Deux minutes plus tard, la réception me confirmait que l'accès n'était disponible que dans le lobby. Je pestai contre moi-même à cause de la pile de mon ordinateur que je n'avais pas changée et qui était maintenant trop âgée pour me permettre de travailler plus de quatre-vingt-dix minutes consécutives ; un imprévu qui annonçait des vacances inopinées.

Un peu plus tard, la réception m'avisait que Béatrice Ginoux me conviait à souper lundi, vingt heures. J'étais fixée.

Mon week-end fut très agréable. Je m'étonnai de la facilité avec laquelle je gérai mes affaires, comme si cette distance me donnait un recul bénéfique. J'eus même le temps de visiter l'île. Le transport en commun y étant facilement accessible, il était aisé de se déplacer.

Le fait de pouvoir voyager en français m'apparut également reposant. Les sourires et la gentillesse étaient incroyables et je compris pourquoi mon oncle avait choisi cette île pour port d'attache.

Je me remémorai ce que je savais de lui : quelqu'un de manuel et de débrouillard, avec un sens inné des affaires qui ne recherchait pas le confort. Si mon père rappelait les inquiétudes que son frère causait à leurs parents, il en parlait néanmoins toujours avec respect. Les deux frères, complètement différents l'un de l'autre, s'étaient perdus de vue. C'est ce que j'en avais déduit jusqu'à ce que je revoie mon oncle aux funérailles de mon père. Après quoi, je ne l'ai plus revu.

J'appréhendais un peu ce rendez-vous avec Madame Ginoux. Mais en me rendant à l'adresse convenue, cette appréhension se teinta de curiosité. À ma grande surprise, je découvris réellement une clinique médicale. Incertaine, je sonnai quand même. Une femme magnifique vint aussitôt me répondre ; la cinquantaine avancée, élégante et distinguée, charmante et simple. Elle me conduisit à ses appartements qui étaient adjacents à la clinique en me racontant :

— Au début, j'avais une maison à vingt-cinq minutes d'ici, mais votre oncle m'a fait réaliser que je n'en profitais pas. Il m'a aidée à m'installer ici, à tout aménager.

Le souper fut sympathique, mais protocolaire. Elle posa des questions sur mon séjour, sur l'hôtel, sur mes impressions sur la Guadeloupe, comme si elle craignait de parler de mon oncle et de son legs. Après le thé, je cassai la glace en demandant pourquoi elle m'avait fait venir.

— Votre oncle a fait beaucoup pour la communauté, commença-t-elle. Il a créé tout un réseau d'entraide et amené les gens à travailler ensemble. Une banque d'heures a été créée. Chacun donne du temps, que ce soit pour garder des enfants, faire des courses pour les personnes âgées ou refaire un toit. Le plus beau est qu'une heure vaut une heure, sans distinction pour un notaire, un menuisier ou un professeur. Votre oncle a aidé de nombreuses familles en récupérant des matériaux laissés sur les chantiers de construction. Mais avant que vous me posiez la question, oui, je suis son exécutrice testamentaire. Je vous montrerai les papiers légaux si vous le souhaitez…

Vu que je n'insistais pas, elle reprit :

— Ses avoirs ont servi à payer les frais d'incinération. Ce qu'il a par contre légué à la communauté est précieux : 28 325 heures de travail. Lorsqu'il a créé le réseau d'entraide, il a prévu une clause spécifiant que les heures données pouvaient, en cas de décès, être transférées. C'est donc le bien-être de centaines de personnes âgées qu'il a ainsi assuré. Non seulement aidait-il lui-même, mais il a réussi à faire doubler ce don. Son intelligence et sa générosité sont exemplaires. Je crois qu'il savait qu'il était malade avant son arrivée sur l'île.

À ces mots, les yeux de Béatrice s'embuèrent. Elle avoua :

— J'étais son amie de cœur. Il me manque terriblement.

Elle se ressaisit.

— Jusqu'à la semaine précédant son départ, j'en savais très peu sur votre famille. Il a mentionné avoir entretenu une correspondance avec votre père, mais avoir tout perdu lors de son déménagement. Il affectionnait votre père et il admirait votre mère. Il m'a demandé de vous remettre cette toile. Mais je n'en sais pas plus.

Elle me montra le tableau. Une scène douce et tendre, d'où transcendait le bonheur d'une vie familiale calme et reposante.

— Il est arrivé sur l'île avec ce tableau. J'ignore sa signification, mais le fait qu'il ait souhaité que vous l'ayez me confirme qu'il a toujours eu pour cette toile un attachement particulier.

Je sentis qu'elle se fatiguait. Spontanément, je lui donnai mes coordonnées en lui assurant qu'elle faisait partie de ma famille, que je reviendrais la voir et que je serais heureuse de l'accueillir lors d'un séjour à Montréal. Puis je la remerciai en lui souhaitant beaucoup de chance dans ses projets et je quittai l'endroit.

Je dormis peu la nuit suivante. Ma tête bourdonnait. Je passai une partie de la nuit dans le lobby à faire des recherches sur Internet. Je découvris que la toile avait été réalisée en 1993 par Christiane Doré et qu'elle s'intitulait *Le rêve de mon père*. Je réussis également à trouver les coordonnées de l'artiste. Je me couchai en me promettant de la contacter le lendemain.

L'artiste se rappelait très bien à qui elle avait vendu la toile. Lors d'une petite exposition en 1994, elle avait longuement discuté de la beauté des paysages ruraux avec la dame. Elle ne se souvenait pas de son nom, seulement de son visage et du superbe chapeau violet garni d'une orchidée fraîche assortie.

*Le chapeau de ma mère !* pensais-je.

J'observai les moindres détails du tableau en cherchant une réponse à mon questionnement et je me remémorai une phrase de Daniel Pennac : *Être libre, c'est d'abord être libéré du besoin de comprendre.*

Et je souris en haussant les épaules. La toile qui trônerait bientôt dans mon bureau me rappellerait ma famille, ses secrets ainsi que cette île superbe.

# Ce jour-là

*Dans le noir, toutes les couleurs s'accordent.*
Francis Bacon

Ce jour-là, lorsque mon amie Johanne se décommanda, j'ai hésité à me rendre tout de même au vernissage. J'habitais depuis peu à l'Assomption, il ne me fallait pas plus de vingt minutes en voiture pour me rendre au Musée d'art de Joliette et les dernières critiques que j'avais lues au sujet de ce musée m'avaient vraiment donné le goût d'y aller. D'un autre côté, y aller seul ne me plaisait guère et je n'avais pas envie, en ce dimanche pluvieux, de faire la chasse à l'ami pour me faire accompagner. Mais que faire d'autre en cette morne journée ? Les feuilles mortes du jardin devraient encore attendre quelques jours.

Bien avant de m'intéresser sérieusement à l'art, j'appréciais déjà beaucoup les photos de Gabor Szilasi. De plus, si je n'y allais pas, les regrets allaient sans doute gâcher mon après-midi… Et si elle y était ?

Si mon intérêt pour l'art s'était grandement développé au fil des événements auxquels j'ai assisté, chaque fois mon souhait profond était de l'apercevoir, de la retrouver.

Lorsque ma fille habitait chez moi, elle quittait la maison au moins une fois la semaine pour se rendre à un vernissage ou une nouvelle exposition. Essentiellement préoccupé par mon entreprise, je n'aurais su dire si elle préférait la peinture à la sculpture, l'art concret, le surréalisme ou le cubisme. À cette époque, j'étais trop occupé à gérer les affaires qui me permettaient de faire vivre cette fille dont j'avais hérité la garde à temps plein et nous rendre la vie confortable. Cartésien jusqu'à la moelle, son intérêt pour l'art m'avait désarçonné. J'aurais tant aimé que nous travaillions ensemble et qu'elle prenne la relève. Mais chaque tentative dans ce sens n'avait provoqué que des justifications, puis des soupirs et finalement des éclats de rire. Malgré moi, elle a poursuivi ses études en art à l'UQAM. Elle a fait des stages, parfois même à New York, à Paris et en Italie. Comme j'avais refusé de payer le tout, elle a longtemps travaillé dans un café à deux pas de notre appartement de la rue Christophe-Colomb.

Un vendredi soir, il y a un peu plus de trois ans, elle n'est pas rentrée dormir. Je ne m'en suis guère formalisé.

Ce n'était pas la première fois qu'une soirée se déroulait autrement que prévu. Frédérique avait d'ailleurs toujours été insensible à mes demandes : laisser un message pour avertir ne faisait pas partie de son mode de vie. « Papa, tu le prendrais sans doute après mon retour. » était sa façon de clore le débat. C'est ainsi que je me suis inquiété, chaque semaine, en silence, depuis ses dix-sept ans.

À mon réveil, le samedi matin, je n'étais pas étonné de ne pas la voir à la maison. Par la suite, je me suis dit qu'elle avait peut-être passé un week-end dans le Nord, ce qui s'était déjà produit deux ou trois fois au cours des derniers mois.

Chose étonnante pour son âge, Frédérique a toujours refusé de céder à la mode des cellulaires. « C'est comme une laisse et moi je suis libre ! En plus, ces téléphones, ça donne le cancer, de nombreuses études l'ont prouvé. Tu veux que j'aie le cancer ? » Iconoclaste, tranchante, mais toujours de bonne humeur, ma Frédérique. Je comprenais pourquoi elle a toujours été appréciée par ses amis. Le nombre d'appels auxquels j'ai eu à répondre, les soirs où j'étais à la maison ! Le nombre de messages téléphoniques que j'ai dû prendre en rentrant du bureau ! « Vous avez seize nouveaux messages ! » Sur le lot, il n'y en avait généralement pas plus d'un ou deux pour moi : un rendez-vous chez le médecin ou le dentiste ou un incontournable souper de famille.

C'est le mardi, en ne la voyant pas revenir, que j'ai commencé à me ronger les sangs. Une brève incursion dans sa chambre m'a permis de constater qu'elle avait laissé son passeport dans son tiroir habituel. J'ai décidé d'appeler les policiers, mais la disparition d'une fille de vingt-trois ans ne les alarmait pas outre mesure. Quelques jours plus tard, on m'a convoqué au poste. On m'a posé quelques questions et on m'a appris plusieurs trucs. Frédérique avait retiré tous ses placements le jeudi, un total de 163 000 $. « Impossible, elle n'a pu amasser une telle somme rien qu'en travaillant dans un café tout en étudiant les arts ! » C'est là que j'ai appris que Frédérique était une artiste reconnue, non seulement pour la qualité de ses toiles, mais aussi pour sa manie de changer continuellement de pseudonyme. Les collectionneurs qui souhaitaient acheter au moins une œuvre de chaque signature la chassaient en tentant de démasquer les toiles qu'elle avait réalisées. Le phénomène avait pris une telle ampleur que des artistes émergents copiaient allégrement son style dans l'espoir d'attirer les foules.

J'étais abasourdi.

Qu'avait-elle fait de tout cet argent, que lui était-il arrivé ?

C'est aussi à cette époque que j'ai commencé à fréquenter les galeries et les musées dans l'espoir de l'y rencontrer. En parallèle, ce qui m'a coûté une petite fortune, je me suis procuré une dizaine de ses toiles. Si l'utilisation du noir, toujours présent, donnait une certaine impression d'homogénéité à ses créations, ses explorations étaient variées. Tantôt, dans une toile abstraite, on découvrait un personnage qu'on ne pouvait plus ne pas voir par la suite. Tantôt, elle effectuait un travail d'une minutie quasi photographique alors qu'en reculant de quelques pas, la disposition et les couleurs nous faisaient découvrir un tout autre message. Bien qu'ayant vécu avec ma fille pendant vingt-trois ans, c'est à travers ses œuvres, après son départ, que j'ai vraiment appris à la connaître.

Au début, lorsque je me rendais dans les vernissages, je ne regardais pas l'exposition. Je la cherchais dans la foule. Comme ce comportement pouvait finir par paraître bizarre, j'ai commencé à feindre de m'intéresser aux œuvres. Jusqu'au jour où j'ai posé le regard sur une œuvre signée Julie Bourgeois. Je me suis senti interpellé. J'étais à l'ouverture d'une nouvelle galerie dans le Vieux-Montréal et j'y suis resté plus de trois heures sans voir le temps passer. Ce jour-là, je n'ai pas cherché ma fille et pourtant, je ne m'étais jamais senti aussi proche d'elle. Peu de temps après, j'ai vendu mon entreprise et je me suis consacré à mes deux principaux centres d'intérêt : la recherche de ma fille et la découverte de l'art.

En ce dimanche donc, accompagné ou pas, j'allais me rendre pour la toute première fois au Musée d'art de Joliette. J'ai rapidement localisé le musée, mais trouver une place de stationnement s'avéra plus ardu. J'ai finalement déniché une place devant un petit resto de la rue Notre-Dame, pas tellement loin de là. J'ai agrippé mon parapluie et je me suis rendu à pied au musée.

Dès que j'ai franchi le seuil de la porte, l'endroit m'a plu : une taille accessible, une disposition agréable et efficace, des expositions qui ont de l'envergure. J'ai passé plus de deux heures à contempler les photographies de Gabor Szilasi et lorsque je m'en suis rendu compte, il était trop tard pour les hors-d'œuvre. J'ai vite salué quelques personnes que j'avais déjà eu l'occasion de croiser auparavant et je suis tout simplement parti.

Mon estomac gargouillait. J'ai décidé de casser la croûte avant de rentrer et je me suis dirigé à « La Part des Anges », le petit resto devant lequel j'avais garé ma voiture. Le nom m'inspirait et l'idée de manger quelques tapas me plaisait.

Je me suis installé à une table en retrait, j'ai commandé et j'ai attendu. Je me suis laissé imprégner de l'atmosphère du décor aux allures baroques dont les murs étaient relevés par des visages peints sur des toiles. J'ai beaucoup aimé les couleurs vives et l'émotion transcendant les portraits, je me suis même enhardi à me lever pour aller voir la signature : Dominique Martin. Un garçon ? Une fille ?

J'ai fait le tour des lieux pour regarder les différents personnages et là, je l'ai vue ! Sur cette toile en retrait, MA Frédérique ! La bouche, la douceur de son visage, les yeux et l'impression qu'elle regarde à travers nous.

Je m'en suis approché et mon cœur a bondi lorsque j'ai lu le titre, « Autoportrait ». Ces toiles dataient-elles d'avant ou d'après sa disparition ? Mes jambes étaient molles, mon souffle coupé.

La serveuse passa à proximité avec mes plats en main. Elle me sourit en lançant sur un ton presque nonchalant : « Elle a du talent, notre propriétaire… »

Et j'ai recommencé à vivre.

# *Elle se réveilla, étonnée*

*Ce n'est pas la destination mais la route qui compte.*
Proverbe gitan

Elle se réveilla, étonnée d'entendre en pleine nuit cette musique inconnue. Le cadran indiquait 2h 55. Étrange, vraiment étrange. N'était-ce pas à cette heure, exactement, il y avait maintenant trois ans qu'elle avait distraitement regardé l'heure alors que Marc se levait doucement du lit pour ne plus jamais revenir ? Elle eut un serrement de poitrine, comme à chaque fois qu'elle pensait à lui. Si l'intensité du serrement diminuait au fil des jours, il semblait s'être installé de façon permanente dans son être.

La musique la surprenait, surtout là. Aucun de ses voisins n'avait fait de tapage auparavant. Qui donc pouvait alors écouter de la musique à une heure aussi tardive ? Mais quelle belle musique ! Le son de la guitare, doux, rythmé et lascif. Un air qu'elle savait ne jamais avoir entendu, mais qu'elle semblait reconnaître.

Trop curieuse, malgré le froid, et sans se donner la peine de mettre un peignoir, elle se leva pour trouver la source de cette mélodie inopinée. Dans le corridor, le son de la guitare était envoûtant. Il avait atteint son apogée. Un accordéon, puis une flûte venaient tout à coup s'ajouter aux doux pincements des cordes de la guitare sèche. Arrivée devant la porte close de l'ancien bureau de Marc, elle s'arrêta, interloquée. Serait-il revenu ? Après trois ans sans nouvelles, après trois ans d'incertitude, après trois ans de recherches vaines ?

Le rythme de la musique s'accéléra. Des percussions dont elle ne pouvait identifier l'origine se joignaient maintenant aux autres instruments en lui donnant l'envie de danser ; une impulsion peu orthodoxe vu les circonstances.

À l'idée d'ouvrir et de pousser sur la porte qu'elle tenait close depuis si longtemps, la peur et la curiosité s'entremêlèrent dans une cacophonie émotionnelle. Tant d'hypothèses, depuis ces trois années, tant d'incertitudes. Jamais de réponses... Et cette musique qui provenait bel et bien de cette pièce. Elle tergiversait...

La semaine qui avait suivi l'inexplicable départ de Marc, elle avait fouillé tous les papiers, fouillé tous les tiroirs de son bureau, fouillé le disque dur de son portable. Mathieu, un bon ami, également technicien informatique, était venu lui donner un coup de main. Une journée durant, ils avaient tenté de récupérer les courriels et les éventuels fichiers qui auraient pu les aider à comprendre. Ils avaient compilé les favoris et les sites Web visités au cours des jours qui précédèrent sa disparition. Leurs recherches avaient été vaines, tout comme la longue enquête policière qui avait demandé tant de temps et d'énergie. Ne pas savoir était beaucoup plus douloureux que la pire des certitudes. Aujourd'hui, elle pouvait le dire : comprendre est essentiel au processus qui mène à la guérison, après le deuil...

Sa curiosité prit le dessus avec une facilité déconcertante. Elle poussa doucement la porte, alluma la petite lumière et vit, dans la pénombre, la table de travail, la chaise, le divan-lit et les quelques souvenirs de voyage.

La pièce inanimée ne lui apporta aucun souvenir, aucun écho, aucune émotion particulière. Cela la surprit, elle qui avait choisi d'ignorer ce bureau, son antre à lui, par peur du mal que réveillent les souvenirs poignants. Était-elle guérie ou avait-elle sombré dans la plus vile des apathies ?

Ses yeux se posèrent sur la toile, cette grande toile illustrant une femme auréolée de liberté et qui semblait désormais lumineuse dans cette pièce sombre et poussiéreuse. Cette toile, ils l'avaient achetée ensemble lors d'un week-end à Ottawa, dans une petite brocante, au coin d'une petite rue. Dès qu'ils avaient posé les yeux dessus, tous deux ont été fascinés par la beauté et l'énergie qui s'en dégageaient, l'envie et l'émotion particulière qu'elle suscitait. Pour elle comme pour lui, elle avait été un coup de cœur instantané. C'est par gentillesse qu'elle avait accepté que le tableau soit installé dans son bureau, car elle s'était dit que cela mettrait de la vie dans cette pièce somme toute agencée de façon rudimentaire.

La musique semblait transcender cette toile, l'habiter. Elle la scruta en croisant le regard de cette femme peinte. *On dirait vraiment une gitane*, pensa-t-elle.

Les secondes passaient, se changeaient en minutes, alors qu'elle ne pouvait plus détacher son regard du sien. Ce regard lui communiquait, de l'intérieur, un appel plus grand que la liberté, que l'espace : des danses folles en plein air, des jongleurs de feu, la sensualité palpable des soirées improvisées, le calme des vastes étendues, les paysages à couper le souffle, la solidarité d'une famille choisie, les enfants qui courent et la certitude du bien-être.

Puis, lentement, mais infailliblement, sa destinée lui apparut. La musique, elle ne l'entendait pas. Elle la ressentait, dans toute son essence. Sans remords, sans amertume, maintenant libre, elle quitta la pièce en refermant la porte derrière elle.

Elle retourna à sa chambre pour y faire ses valises. Elle qui planifiait ses voyages des semaines d'avance, ses bagages plusieurs jours avant le départ et qui savait exactement quoi mettre, quoi apporter, comme si cette épopée avait été projetée depuis longtemps.

En les bouclant, le souvenir de Marc traversa son esprit : c'était sans doute ce phénomène qui lui était arrivé, il y a trois ans. Le croiserait-elle sur sa route ? Elle n'en savait rien. Avoir enfin trouvé sa propre voie la comblait.

Emportée par la musique, grisée par l'avenir qui s'ouvre devant elle, elle referme derrière, sur son passé et ses émois. Qu'elle le croise ou non n'avait plus d'importance. Elle avait fait son propre itinéraire, comme lui avait fait le sien. Non pas dans le rejet des autres, non pas pour les autres, mais bien en se choisissant.

Toute trace d'amertume avait disparu, l'inconnu ne faisait pas peur. Un sentiment de plénitude l'habitait, sentiment qu'elle n'avait jamais ressenti aussi intensément.

À l'aéroport, elle croisa un homme dans la quarantaine. Il portait une grande toile sous le bras. Elle s'arrêta un moment pour le regarder s'éloigner. Elle souriait. Ce dernier ne savait peut-être pas encore qu'une toile peut tout changer.

Carole Lussier

# Soupir de printemps

*À ma sœur, Monique. À sa fille, Sylvie.*
*Parce que la vie peut encore être belle... même dans le noir.*

Je me rappelle très bien le son de ma corde à danser qui léchait le gravier de l'entrée, chez mes parents. Et celui de mes souliers qui martelaient le sol en déplaçant la pierre tandis que les petits ronds de poussière venaient ternir le cuir méticuleusement ciré par ma mère qui adorait, elle, le voir briller. C'était le premier jour sans manteau alors que le soleil traversait ce mince gilet de laine que je ne boutonnais jamais, au désespoir de papa. Même le gazouillis des oiseaux portait en lui un nouvel écho, enchanteur et vibrant. Après la cabane à sucre, c'était Pâques qui se montrait en me plongeant dans des rêves partagés entre les vitrines où les chocolats étaient presque aussi grands que nous et les vacances d'été pour lesquelles j'avais déjà commencé à compter les jours.

En ce temps-là, tout était simple. Je regardais la vie avec des yeux qui, me semblait-il, n'étaient jamais assez grands. Chaque matin naissait comme si c'était le premier et chacun d'eux apportait un jour de bonheur tranquille mais différent. Je les aimais tous, je crois. Chose certaine, je n'en détestais aucun.

Nous vivions à la campagne et, quoiqu'elles fussent loin de se ressembler, les maisons m'apparaissaient toutes pareilles. Cachées au fond des allées derrière les arbres centenaires dont les racines couraient en serpentant sur les terrains, les cordes de bois s'empilaient ou diminuaient à la même vitesse tandis que de leurs hautes cheminées, les halos de fumée aux arômes réconfortants s'envolaient en tourbillonnant. Aux côtés de leurs poêles dormaient un chat, un chien, ou les deux, et l'on entendait parler de la nouvelle portée aussitôt qu'on avait besoin de remplacer ceux qu'on avait perdus. Dans leurs chambres, aucune des filles que je côtoyais n'étalait de jolies poupées soigneusement rangées sur des tablettes comme dans les livres, mais nous avions toutes des jouets et nous connaissions toutes les mêmes jeux. L'été, couchées dans l'herbe, on s'amusait à découvrir les formes dissimulées dans les gros nuages et l'hiver, nous allions patiner sur le lac, qui n'en était pas vraiment un, dans le bois devant chez nous.

Personne ne s'attachait au passé, pas plus qu'à l'avenir qui dépassait la simple page du calendrier accroché sur le mur des cuisines. Les vacances étaient synonymes de liberté et de plein air et nous profitions autant du soleil que des jours de pluies chaudes sous lesquelles nos mères nous laissaient jouer en maillot. La saison des fraises, la saison des bleuets, celle des framboises et des mûres et puis de l'ail des bois, nous les courions toutes. Tous les enfants, riches comme pauvres, dévoraient les légumes à même les potagers après les avoir à peine rincés dans les bacs d'eau laissés la veille pour l'arrosage du matin. Le mois des confitures, des tartes et des tourtières ou celui de la rentrée avec ses odeurs d'efface, de cuir tout neuf et de chemisiers fraîchement empesés, ne faisaient aucune exception. Et l'hiver collait à toutes les mitaines, toutes les familles faisaient sécher les manteaux et les tuques derrière les poêles à bois et les tempêtes enterraient chacune de nos maisons en nous confinant tous, des jours durant, dans le village que nous ne pouvions quitter parce que la « charrue » ne pouvait s'engager dans les chemins qu'une fois le blizzard calmé.

Aujourd'hui, je sais que nous n'avions pas d'argent et pourtant je n'ai jamais eu l'impression d'avoir manqué de quelque chose. Les pintes de lait étaient toujours aussi fraîches et blanches sur notre table qu'ailleurs et parce que les femmes s'échangeaient leurs recettes, bientôt c'était tout le village qui sentait les beignets couverts de sucre en poudre alors qu'ils étaient encore chauds. Le lundi était jour de lavage et les cordes rivalisaient de couleurs sur les piqués faits à la main sous lesquels on se chamaillait en jouant avec le ballon qu'il fallait se partager. Toutes les mamans savaient coudre et tricoter, mais nos tuniques noires obligatoires venaient toutes du grand magasin qui livrait. Même le sourire de la bonne Sœur, affectée à la distribution du matériel scolaire, restait immuable lorsqu'elle nous donnait le droit de choisir l'image qui allait parer nos cahiers pour l'année. Et quand nous sortions, emmitouflés jusqu'au cou, par ces veilles de Noël où tombaient de lourds flocons, et que dans les fenêtres des pièces aux lumières éteintes trônaient les sapins chargés de boules, d'ampoules et de glaçons, alors c'était la neige de tous ces parterres qui scintillait de mille et un feux, tout comme devant la nôtre, notre maison.

Je me souviens, vous savez. On ne comparait pas de la même manière, la vérité était *devant* nos yeux. C'était un air en deux temps qu'on sifflait en dansant, tu l'as ou tu ne l'as pas, sans aucune autre mesure. Et nous avions tous un grand jardin, sous un ciel bleu ou parsemé d'étoiles ; le vent qui bruisse, les feuilles qui tombent, les orages qui menacent, qui grondent ou qui glacent ; la pluie et l'arc-en-ciel, le soleil dans le couchant et les grillons dans la nuit qui nous endorment par leur chant. Il y avait partout des potagers et des voitures aux ailes toutes rondes quand on courait sous les cordes à linge sur lesquelles les femmes étendaient leurs draps. Ça sentait bon au printemps, ça sentait bon durant l'été, tout comme c'était au temps des pommes ou quand l'hiver gelait le bout de mon nez.

Puis le temps a passé tandis que j'écoutais les gens parler du jour comme d'un éclat qui s'effrite au rythme même où s'effritait celui de leurs souvenirs. Vieillir, d'accord, mais jusqu'à se fondre à la pensée sérieuse d'un monde qui se vante d'être sorti grandi dans l'oubli, voilà bien, à mon avis, le plus terrible de tous les mensonges.

Moi, je ne m'en cache pas, j'aime ce vent du nord quand il apporte la neige en balayant la grisaille de novembre qui me faisait pourtant rêver, elle aussi, aux contes et légendes qui meublaient mes nuits d'enfant. Comme je peux tenir au doux souvenir de la tendresse qui transcendait le dernier sourire que m'a fait mon père avant de partir, la veille de sa mort. Ou ces veilles de décembre et de gros flocons qui tombent paisiblement derrière la fenêtre à côté du foyer où les bûches crépitent en irradiant les yeux de l'homme qui regarde mes rides sans toutefois les voir. Tout autant que je chéris le grand sofa qui me fut légué par cette gentille voisine dont les derniers mots furent aussi pour moi. Et ce que je peux maintenant l'adorer, ce joyeux cliquetis qui provient de mes touches tandis que mes doigts courent sur le clavier et que les mots que vous lisez s'alignent à l'écran. Seul l'amour de la vie, le vrai, peut encore permettre cela.

Ô que oui, je m'en rappelle, du son de ma corde à danser qui léchait le gravier de l'entrée, chez mes parents !

# Les jardins du cœur

*Il a rêvé l'avenir d'une tout autre manière.*

La richesse. Je crois savoir ce que c'est lorsque je regarde la neige tomber en essayant du mieux qu'elle peut de purifier notre terre en la recouvrant d'une couche immaculée qu'on aura pourtant tôt fait de souiller. J'ai lavé mon manteau ce matin, pour la vingt-huitième fois et je l'ai imperméabilisé. Il a maintenant 14 ans, sa coupe est indémodable et je l'entretiens jalousement. Il est propre, il me garde au chaud et c'est un rebut de moins pour la race humaine qui ne sait plus quoi faire avec ceux qu'elle a.

Cet automne, j'ai dû me jeter à la dépense, une nouvelle paire de bottes et de nouveaux souliers. J'ai acheté ce qu'il y avait de plus classique en espérant qu'ils dureront, eux aussi. Les flocons tombent dru maintenant et mon cœur se déchire quand je pense à ce que nous ferons subir à cette neige bientôt. Dire que nous nous permettions de la manger pour nous désaltérer quand nous étions enfants. Ce n'est pourtant pas si loin en arrière, je n'ai même pas mes soixante ans. La vitesse avec laquelle notre bonne vieille Terre se dégrade me noue l'estomac. L'attitude des gens bien davantage encore. On parle de dessaler l'eau de mer plutôt que d'effectuer ce changement qui menacerait l'économie. L'économie. Ce nouveau dieu auquel on se voue malgré l'enfer qu'il promet. Ils en ont peur de ce virement : peur de perdre ce qu'ils ont accumulé dans leurs coffres et peur de perdre le pouvoir qui vient avec. Et quel pouvoir ! Celui de ne pas mourir seul, peut-être !

Les mésanges viennent de se poser en groupes serrés sous les branches du cèdre dont le faîte dépasse mon balcon, un arbre droit et fier de se compter parmi ceux qui ont réussi à préserver la vie qu'on s'évertue à tuer. Il a survécu, lui, et il protège toujours ses oiseaux. Je n'ai pu retenir un soupir devant les témoins de cette courageuse Dame Nature. Année après année, elle reprend son cours sans tenir compte de la stupidité et la cupidité de la race qu'elle a fait naître en son sein.

Pauvres de nous !

J'ai parfois pensé que le négativisme était ce retour que j'effectue tous les matins en jetant un œil dehors, mais l'expérience m'a rattrapée en me prouvant qu'il n'est que l'égal de l'oubli et de l'inconscience. Depuis, je ne me cache plus ce qui nous attend et j'ose croire que nous nous réveillerons en masse avant qu'il ne soit trop tard.

Trop tard... Hum !

Une idée vient de s'insinuer à mon esprit. Entre ces étés, passés dans les jardins de mon père où il caressait l'idée de voir ses enfants réussir une vie douce et honnête, et l'enfer, qui nous tombera dessus dans une fin du monde que les gens sont incapables d'imaginer ou de voir venir, mon âge vient de poser le pied en son plein milieu. Cinquante ans en arrière et cinquante ans en avant, le temps de l'innocence et le temps qu'il nous reste à vivre. Le tiers de nos ressources naturelles sont maintenant complètement détruites et le calcul des autorités en la matière donne à nos réserves une espérance de moins de soixante-dix ans, après quoi elles seront épuisées.

Que peut-on faire ? Que puis-je faire !

J'ai soupiré en pensant à mon père qui a rêvé l'avenir d'une tout autre manière. Cet homme qui a connu deux guerres, qui savait à peine signer son nom, parce que faire des études n'était pas de son temps, et qui devait trimer dur du matin au soir pour nourrir sa famille et conserver le peu qu'il possédait, s'est pourtant surpris à réfléchir, au terme de sa vie, au legs à ses enfants. Il s'est élevé contre cette société que le « rêve américain » a voulu créer pour relancer l'économie d'après-guerre. Pour lui, ces besoins inventés, comme la mode qui pousse à changer sa garde-robe deux fois l'an, n'étaient que des accessoires futiles ne pouvant que tous nous rendre malheureux. Savait-il à ce moment-là que nous serions un jour appelés à ne travailler que pour consommer et que nous prendrions des pilules pour oublier ce qu'on ne peut pas avoir ? J'en doute et peut-être en est-il mieux ainsi.

Un écureuil dispute à une corneille ce qui reste du pain que j'ai déposé sur mon balcon à l'intention des petites mésanges qui se sont enfuies en les voyant. La corneille est magnifique. Je n'en ai jamais vue autant que cette année. Un voilier complet a élu domicile au-dessus de nous plutôt que de quitter le pays, comme les autres, pour les contrées voisines, plus chaudes. C'était plus fréquent à la campagne, quand j'étais jeune et qu'on ne les remarquait pas. À cette époque, la Terre nous était acquise, l'idée qu'on puisse en venir à bout ne nous a jamais effleuré l'esprit.

J'ai quitté ma fenêtre et posé mon café sur le bureau de mon ordinateur en me sentant tout à coup coupable d'avoir un bureau et un ordinateur. Et j'y suis restée, un long moment à réfléchir.

Nous sommes à l'ère des corporations, ces entités sans cœur ni conscience qui détruisent et dominent avec un insatiable désir de richesse et de pouvoir. Nous sommes aussi à l'ère de l'illusion et de la pilule du bonheur que nos charlatans, ces phénomènes de foire issus des camps de concentration de nos deux dernières guerres, distribuent massivement en mettant à contribution la médecine moderne sur laquelle ils maintiennent une réelle et puissante pression. Mais l'après-guerre, dit-on, a tout inventé. Les choses changent et « s'améliorent », mais elles sont toutes là. Nous sommes donc également à l'ère de l'ultraperformance. Quelle ironie ! Alors, pourquoi donc ne pas user de cette mégaconnaissance pour renverser la vapeur ? Que puis-je faire, moi, pour sauver nos campagnes, nos plaines aux herbes vertes ou couvertes de ces fleurs sauvages que j'aime tant cueillir en saison ? Que puis-je faire, moi, pour sauver nos lacs et nos rivières ou ces poissons que j'aime tant taquiner à l'arrivée du printemps ? Que puis-je faire, moi, pour léguer à mes enfants une terre saine et capable de soutenir la vie de leur progéniture ?

Dilemme.

Parce que pour ma part, j'ai le sentiment de faire tout ce que je peux. Du moins, je le crois. J'use mon linge à la corde. Je n'achète que le strict nécessaire, je répare ce qui brise et je ne jette que ce qui est vraiment inutilisable. Mis à part mes électroménagers, je n'ai pas changé de mobilier depuis quarante ans. J'ai troqué tous mes produits ménagers contre les nouveaux sans danger pour l'environnement, je recycle au mieux de ma connaissance et dès que les beaux jours pointent leur nez, j'étends mon linge sur la corde plutôt que d'utiliser la sécheuse. J'en suis même arrivée à ne laver ma vaisselle que lorsque mon évier de cuisine est plein.

Mais quoi d'autre ? Quoi d'autre ?

La Terre, elle, se réveille tous les matins. Qu'on l'écoute ou qu'on ne l'écoute pas, elle fait parler d'elle : les pluies qui engendrent les grasses et vertes herbes ou qui brûlent en faisant mourir les érables d'où l'on tire notre sirop ; les orages qui viennent adoucir la chaleur de nos canicules ou qui sont incapables de reconstruire la couche d'ozone qu'on a perdue : les crues printanières qui inondent les rives en permettant aux saumons de remonter à la source ou le taux effarant de mortalité de cette espèce qui ne trouve plus la force de s'y rendre à cause de la pollution qui l'affaiblit.

Oui, il me reste encore à faire. Ne serait-ce qu'en le criant. La pilule du bonheur ne trouve son origine que dans des besoins qu'on ne pourra jamais combler, la pauvreté n'est pas du domaine monétaire. Elle appartient aux cœurs et aux âmes incapables de partage. Un abri, la chaleur et la nourriture sont tout ce que demande la survie de la race humaine et la Terre est le pourvoyeur de ces éléments. Sans eux, nous sommes morts. Le reste provient d'une idée, d'une pensée, d'un concept imposé pour redonner son pouvoir à l'argent. La pauvreté, c'est être incapable de faire cette différence et d'accepter de vivre sans cette harmonie première. Un être qui pleure devant autant de gaspillage mais qui pose un seul geste pour le diminuer est un milliard de fois plus fort que celui qui sourit à longueur de journée en se dépêchant de se procurer le nouveau gadget électronique alors que le sien est encore bon.

Si la pauvreté appartient aux cœurs et aux âmes, la richesse va de pair, elle aussi. C'est ce que pensait mon père. Et c'est de lui que j'ai tout appris. Aujourd'hui je sais que la richesse ne s'achète pas. C'est quelque chose qu'on se donne et qu'on ressent tout au fond de soi chaque fois qu'on se regarde dans un miroir.

Voilà. C'est dit.

# Corinna

*Elle a élu domicile entre le lampadaire et les cèdres de ma voisine.*
*Elle est belle, élancée. Mais elle les effraie tous.*

Nous venions tout juste d'emménager. Notre appartement était coquet, chaleureux, ensoleillé et vivant. Situé dans un recoin du quartier qui m'était jusque-là inconnu, j'y ai découvert avec bonheur les humeurs paisibles d'une campagne que j'en étais presque venue à oublier. Des arbres y avaient pris racine et pris de l'âge sans que la ville n'intervienne dans le cours de leur vie et la ruelle gazonnée parait les arrière-cours d'une épaisse verdure à la manière d'un contrefort bâti pour faire obstacle au courant trépignant des cités. Le quadrilatère entier croulait littéralement sous le feuillu des érables, des chênes, des vinaigriers et des cèdres géants. De vieilles vignes, aux feuilles aussi grosses que mes deux mains réunies, avaient également pris assise sur les clôtures en faisant pratiquement disparaître les portes dont les propriétaires ne se servaient plus. Les écureuils, les oiseaux et les chats y avaient trouvé un refuge paradisiaque qu'ils se partageaient tout naturellement dans l'harmonie et la sérénité. Dans ce monde insolite, du haut de notre balcon, même ma vieille chatte malade y avait déniché une saine et miraculeuse guérison.

Octobre avait déjà passé la demie alors qu'on se croyait encore plongé en plein cœur du mois d'août. Des voiliers d'oies sauvages déchiraient le ciel en criant comme au jour où elles s'envolent vers le Sud, mais leur passage au-dessus des arbres anormalement verts avait quelque chose d'étrange pour la saison. Et quand le soleil disparaissait, que les ombres transformaient la flore en ces ténèbres que la nuit bleute à escient et que la noirceur cache les mystères boudés par l'homme rationnel de notre temps, alors on sentait la vie émaner de la terre sous nos pieds.

La maison était construite sur une terre sacrée. Dès que j'en ai eu foulé le sol, je l'ai sentie. L'appel, clair et vibrant, dardait jusqu'à l'âme. Après deux ans d'errance, perdue dans une ville où la sécheresse du cœur ne trouve son égal que dans le béton dont elle s'entoure, je pouvais enfin la sortir de son urne, la déposer sur le sol et lui rendre ce restant de liberté que les dieux, par pitié ou par vengeance, lui avaient laissée. Sous les réverbères qui diffusent leur lumière jaunie à travers les touffes d'ifs d'où les chats sortent pour entreprendre la longue procession de ce chemin connu d'eux seuls, je pouvais maintenant attendre minuit et voir la métamorphose.

Je ne peux pas mourir, Corinna non plus. La malédiction ne lui permet pourtant pas vraiment de vivre. Cela fera des siècles que la nuit étire son noir manteau de brumes en laissant traîner derrière elle des états d'âme dont on rêve ne plus se départir, mais qui nous échappent au lever du jour. L'espoir parfois renaît néanmoins, momentanément, sur la terre sacrée. Alors, je peux la voir humer les fleurs, les cèdres et la vie qu'elle aimait tant.

Elle fut jadis une femme superbe. Les hommes la craignaient mais la désiraient plus que tout. Tandis que les femmes réclamaient mes faveurs en implorant mon soutien, les hommes, eux, lui promettaient le ciel, les étoiles et la lune en cadeau. Je guérissais les souffrances, Corinna enseignait l'amour.

C'était au temps où l'élan magique fut assombri, au temps de ces femmes vénérées et adulées qu'on donnait maintenant vives aux flammes des bûchers. C'était aussi par une nuit de pleine lune et par la danse macabre des torches folles, qui précédaient les cris envoûtés des bouches qu'on ne pouvait distinguer, que nous comprîmes avoir été condamnées. J'ai demandé la protection des dieux en préparant notre fuite et en tirant sur elle qui en appelait, emportée par la rage, à l'Esprit de vengeance. Les hommes qui l'avaient aimée l'avaient trahie. L'ironie veut que la Magie n'ait jamais été bannie de ce monde, ceux qui ont tenté l'impossible contre elle sont ceux qui s'en sont le plus servi. Les dieux ont sondé mon cœur et exaucé ma prière, nous avons pu fuir et nous sommes restées en vie. Les Démons du mal ont eux aussi répondu à l'appel de ma sœur, mais les mages cachés dans l'ombre des torches derrière nos bourreaux l'ont anticipé. La malédiction s'est abattue sur nous tous, Corinna n'a pu échapper à ce retour et fut transformée en araignée, blanche, puissante, superbe et magnifique comme la femme qu'elle avait été. Tous les soirs depuis, elle tisse sa toile et attend, immobile, la tombée du jour. Seule la nuit peut lui rendre sa forme et seule une terre bénie lui permet d'y poser le pied.

Elle a élu domicile entre le lampadaire et les cèdres de ma voisine où les rares passants s'arrêtent pour la regarder. Inquiets de sa présence mais fascinés par sa beauté, j'ai souvent eu peur qu'ils lui fassent du mal. Mais Corinna baigne dans une aura de pouvoir qui la protège, elle est bénie et maudite par les dieux, tout à la fois. J'ai longtemps invoqué la clémence et prié pour que la Justice accorde son pardon. Dans les halos brumeux réveillés par une lune qui flatte de son regard les rares îlots dénudés en les enveloppant d'une clarté mystique et propice aux songes, les signes sont un jour apparus : l'amour, encore, pouvait la délivrer.

Qu'en est-il devenu de ma sœur, je ne saurais le dire. Un homme, beau, grand et fier, a longtemps tourné autour. Je l'ai vu de jour et je l'ai vu aussi rôder pendant la nuit. Quel Démon a influencé cette âme humaine, le Démon du mal ou le Démon du bien ?... Même mes cartes refusent de divulguer la réponse. Les dieux gardent jalousement ce qu'il en est advenu de son destin.

Une tarentule vit désormais dans l'urne de verre que je ne peux pas me résoudre à jeter. Je ne peux toujours pas mourir. J'ai acheté cette maison sise sur une terre boudée par l'homme qui depuis longtemps s'est renié. J'en possède trois autres où je passe le temps d'une vie avant de les quitter pour la prochaine. Mais chaque fois que j'y reviens, je sens les murs de cette demeure s'enflammer d'une aura particulière, une aura qui porte les couleurs de ma sœur.

Peut-être nous retrouverons-nous, un jour. À la fin des temps.

# La mort d'une sorcière

*Je voudrais pouvoir m'y perdre, pouvoir y faire l'amour avec la vie, pouvoir me laisser flotter au-dessus de ses brumes en pensant que le temps est sans fin.*

La nuit avait été incertaine et ténébreuse malgré les étoiles qui ont brillé au-dessus de l'autel où j'ai pratiqué le plus long rituel de ma vie. On m'avait fait demander pour guérir d'un envoûtement l'enfant d'un couple dont un notable avait voulu se venger. Le mal était à l'œuvre à mon arrivée. Le garçon agonisait.

On me salua révérencieusement en me conduisant vite au chevet du malade. L'enfant était beau, de forte ossature et de muscles développés. Il venait tout juste d'avoir quinze ans. Personne ne pouvait dire de quoi il souffrait. La médecine n'avait été d'aucun secours. Étendu depuis plusieurs jours sur un lit aux draps propres et fraîchement lavés, son teint pâle comme un linceul dégoulinait de sueur.

J'approchai son visage pour écouter son souffle. Sa respiration était lente et difficile. J'entrouvris ma cape pour en sortir une main et la déposer sur son front. La fièvre était forte et gagnait sur son cœur faiblissant. J'appliquai alors une légère pression sur ses tempes en me penchant pour murmurer à son oreille :

— Nathaniel… Nathaniel, réponds à la Vie.

L'enfant ouvrit des yeux sans pupilles et la mère poussa un cri que je lui reprochai sévèrement.

— Allons ! Reprenez-vous, ma dame ! L'heure des gémissements n'est pas encore venue.

Elle plaqua une main sur sa bouche pour étouffer ses sanglots et je me tournai vers son mari.

— A-t-il reçu les Saints Sacrements ?

Le père laissa tomber son regard triste.

— Oui, ce matin. Mais le prêtre ne pouvait rester.

D'un hochement de tête, j'acquiesçai en compatissant. Je connaissais bien le prêtre pour l'avoir souvent croisé sur les routes du comté. Un homme court et gras qui adorait la bonne chair, toutes les bonnes chairs. Un pêcheur et un poltron qui me craignait autant qu'il craignait l'enfer auquel il savait tous les jours se donner. Si l'exorcisme était le remède, ce prêtre ne pouvait l'administrer.

Ma voix se fit vindicative.

— Demandez à vos gens de vider la pièce où je suis entrée, le sol et les murs doivent être dénudés de tout objet rattaché à cette maison. Qu'ils y entassent des bûches, qu'ils fassent du feu dans l'âtre et qu'ils la quittent ensuite pour ne plus y revenir. Trouvez un baquet de bois assez grand pour y baigner l'enfant et faites chauffer de l'eau pour qu'elle soit tiède avant de l'emplir. Apportez aussi un drap de lin propre, blanc ou écru, pour l'en recouvrir…

Et en toisant sa femme :

— Laissez la mère auprès de son fils. Qu'elle puisse encore l'aimer un moment.

Je quittai la chambre d'un pas ferme en faisant signe à l'apprenti serviteur qui partout me suit comme une ombre soudée à mes pieds.

— Trouve un siège et une petite table pour mon autel. Apporte mon balai, mes effets, et rentre à la maison. J'en ai pour la nuit.

Il me salua.

— Je trouverai ce que vous demandez, ma dame. Mais je resterai pour veiller à ce que la maison ne vous importune pas.

Cédric avait raison. D'un geste maternel, je lui relevai le menton en souriant.

— Qu'il en soit donc ainsi, acquiesçai-je, en me décapuchonnant. Va maintenant, et fais vite. Le temps presse, l'enfant se meurt vraiment.

Je me rendis dans la pièce où quatre personnes s'activaient. J'enlevai ma cape que j'accrochai près de l'âtre où je me réchauffai un court instant.

Cédric revint, suivi de deux hommes à qui je pointai le centre de la pièce où ils déposèrent le baquet à demi rempli d'eau, la table, le banc et le coffre contenant mes effets. Puis ils quittèrent la salle, regards baissés, à reculons : la peur que j'inspire transcende toujours le respect qu'ils me vouent.

— Votre balai, ma dame.

Le large sourire montrait des dents jeunes et belles. Cédric savait mettre le baume sur mon cœur.

Le père se présenta dans l'embrasure.

— Dévêtez l'enfant pour qu'il soit nu. Et déposez-le dans ce baquet, ordonnai-je sèchement.

Cinq minutes plus tard, sous l'œil vigilant de Cédric, deux hommes portèrent le garçon jusqu'à son bain. Les parents en pleurs se tenaient enlacés près de lui.

— Par ce geste, vous me confiez la vie de cet enfant. Maintenant, sortez et refermez derrière vous.

Cédric les accompagna jusqu'à la porte.

Je passai le balai sur le sol en prononçant les paroles magiques de purification tandis que Cédric, concentré sur ma prière, préparait mon autel.

Je déposai le balai en remerciant mon Guide.

— Qu'il en soit ainsi !

Cédric dessina le pentacle de Saturne et des contre-sorts autour du bain et de l'autel duquel je n'allais plus sortir et je lui fis signe d'ouvrir les volets pour laisser la lune, les étoiles et l'air venir jusqu'à nous.

Il débouchonna ensuite le flacon d'eau de source, en aspergea nos mains et nous entonnâmes en cœur :

— Par cette eau, je me purifie. Que mon corps, mon cœur et mon esprit soient investis des énergies bienfaisantes qui m'entourent et que ce travail magique s'accomplisse dans la sérénité et l'harmonie. Qu'il en soit ainsi !

Cédric prit le drap et m'accompagna au bain où il me tendit le flacon. J'en versai dans l'eau et sur la tête de l'enfant en psalmodiant la même prière pour lui. Puis je dépliai le drap pour l'en couvrir en le lui passant sous les bras, mais sur le baquet pour le tendre de chaque côté.

— Par ce linceul, que les énergies bienfaisantes qui t'animent ne quittent ni ton corps ni ton cœur. Que la vie reste en toi, pendant et après le travail magique. Qu'il en soit ainsi !

Le rituel avait commencé.

Cédric déposa le flacon sur l'autel et laissa tomber tête et regard en demandant mes mains, que je lui tendis. Il les baisa, tendrement, avant de reculer pour sortir du pentacle et virer des talons. Il ne m'a plus regardée, même lorsqu'il est sorti.

~

Le mal qui rongeait l'enfant l'aurait tué. Le sort avait été ordonné par un esprit tortueux et le praticien qui l'avait jeté était un mage expérimenté. Lorsque la justice frappa et que les énergies malfaisantes quittèrent le corps du garçon, tous ont entendu les cris qui ont déchiré les ombres de la nuit. Le malin s'en était retourné à ses concepteurs. Le notable est mort dans son sommeil et le mage a vu ses mains et ses yeux dévorés par le feu.

L'enfant reposait désormais sans fièvre. Sa respiration était normale et son cœur battait au rythme régulier de la vie.

Mon apprenti, qui connaissait bien les signes magiques, était venu fermer le cercle de mon autel duquel je pus enfin sortir. Épuisée, j'allai aussitôt m'accouder à la fenêtre en levant les yeux vers le ciel.

*Une pleine lune*, songeais-je en pensant combien elle me manquerait…

Je quittai la fenêtre, enfilai ma cape et remontai mon capuchon et je suis partie, seule, vers le mien, mon avenir. En voyant la pâleur de mon visage, Cédric comprit. Lorsque la porte claqua, il s'effondra sur l'autel, en pleurs.

J'ai marché jusqu'au flanc de la colline, là où le vallon vient s'enfoncer en demi-lune sous le feuillage du boisé qu'on a laissé au milieu des prés où paissent les moutons, et j'ai attendu le lever du jour.

— J'ai le don de la Magie, du Charme et du Sortilège, ai-je commencé à prier dans un souffle sans voix. Je m'en remets à ta volonté, ô Toi, Guide de Lumière que j'invoque dans la nuit. Tu es le fruit, la feuille, la sève et la racine, l'air, l'eau, la terre et le feu dont je me suis toujours nourrie. Tu es toute chose. Tu es toute Vie. Je crois en Toi et je crois en Moi malgré l'homme qui tente de nous renier. Qu'il en soit ainsi !

J'osai porter une main tremblante à ma poitrine que la douleur enflammait. Le sort en cachait un autre, beaucoup plus vicieux.

L'image du prêtre revint à ma mémoire en m'arrachant un sourire : j'aurais pu m'arrêter avant que le sort ne frappe, mais je ne pouvais trahir l'enfant. Affaiblie par le long rituel, j'ai invoqué la Justice et procédé au rite comme il se devait. Ma prière a trouvé grâce aux yeux de la divinité. J'ai dû donner mon cœur pour sauver le sien et les concepteurs en furent durement punis.

Le premier rayon de soleil embrase maintenant le ciel. Les étoiles pâlissent, les ombres se dissipent et des larmes de joie perlent à mes yeux. Le silence est absolu, son regard est posé sur nous.

Sa paix m'enveloppe, m'envoûte et m'enivre. Je voudrais pouvoir m'y perdre, pouvoir y faire l'amour avec la vie, pouvoir me laisser flotter au-dessus de ses brumes en pensant que le temps est sans fin.

Et voilà mon corps qui m'échappe, qui se laisse doucement aller en s'allongeant sur le sol frais et humide.

Le Sacré m'a entendue.

— Tout est accompli.

Joanne Ranzell

# Envoûtant

Avez-vous un endroit où vous pouvez vous retrouver avec vous-même ? Où vous vous sentez libre d'être dans votre entièreté, où vous êtes en totale harmonie avec votre âme ?

J'ai grandi dans une maison chaleureuse, au bord de l'océan. C'est devant cette immensité bleue que je ne fais qu'une avec mon être profond. La vie, la famille, le travail m'ont éloignée de mon patelin. Je n'y revenais qu'à l'été, ou presque. Même en hiver, je sentais la chaleur, la vigueur de l'océan et les secrets qu'il recèle. J'ai le bonheur de pouvoir enfin me réinstaller à ma maison d'enfance, de retrouver ce vieil ami, aux flots berçants, qui m'a tant appris.

J'ai été professeure. J'ai enseigné la littérature, les grands auteurs, les textes émouvants, profonds : la magie des mots, la noblesse de cet art. Et pourtant, la nature est ma plus belle histoire de vie. Ses chants, ses odeurs, ses couleurs, ses douceurs, ses fureurs sont autant d'émois qui résonnent dans ma poitrine au rythme de mon cœur.

Au bord de cet océan, j'ai grandi en gambadant, en y découvrant chaque recoin et les innombrables trésors qu'il offrait à mes yeux d'enfant. Mon amour pour les pierres me vient de cette période. J'aimais tant les toucher, les sentir au creux de mes mains, découvrir leurs textures et admirer la panoplie de couleurs, de formes et de grosseurs. J'en avais toute une collection, j'aurais pu me construire une cabane avec elles. Je les ai d'ailleurs conservées, j'en ai fait un chemin jusqu'à la plage.

J'ai l'impression de retrouver mon enfance en les suivant. Au bout de ce tracé, j'ai construit un petit foyer de fortune où j'aime me recueillir devant un bon feu de bois. Regarder la lune qui joue de ses reflets sur les flots et m'imprégner de la symphonie nocturne me calment comme rien d'autre. C'est plus qu'une expérience sensorielle, c'est une véritable communion avec l'énergie universelle.

Mon amour pour l'océan n'a jamais faibli au fil des ans. Même à l'adolescence où parfois un rien nous blase. L'océan devenait mon confident, les vagues emportaient mes secrets et il les gardait dans son écrin marin. Il fut témoin de mes peines et de mes larmes qui se mêlaient à ses perles d'eau. De mes colères aussi, criées et dispersées par les vents. De mes instants de bonheur profond où je me baignais en son lit en savourant ses caresses sur mes seins gonflés par la maternité prête à éclore au-dessus de mon ventre rebondi. D'entendre le rire de mes enfants courant pieds nus dans le sable fut le plus doux des cadeaux. Rien ne vaut l'apaisement que m'apportent l'air salin, la danse des vagues et leur doux murmure. Même déchaîné, j'adore l'océan. Je vibre au rythme de ses fracas sur les rochers.

J'ai vécu tant de choses près de lui que je ne saurais par où commencer pour vous les raconter. Hormis la naissance de mes enfants, bien sûr, il y en a une entre autres qui vient souvent cajoler mon esprit. À peine sortie de mon adolescence, j'y ai fait la rencontre d'un jeune homme venu passer l'été dans mon village pour nourrir et exprimer son art, la peinture. Des langues bien pendues clamaient qu'il n'y avait rien à faire dans ce coin perdu. Mais lui, il a su reconnaître la grande richesse qui nous entourait. Je lui ai fait découvrir mon environnement, je lui ai montré la beauté de lieux incomparables et de paysages capables d'enrichir la plus belle et la plus merveilleuse des palettes de couleurs. Nos âmes semblaient vivre en symbiose, probablement due à cette sensibilité à fleur de peau qui nous caractérisait si bien tous les deux.

Au cœur d'un été, il m'a demandé s'il pouvait peindre mon portrait. Alanguie par le soleil, envoûtée par le chant familier de l'océan, je n'ai pas hésité, je suis devenue sa muse. Allongée à l'abri des regards indiscrets, entre quelques herbes folles, le corps nu et moite d'eau salée, le sable chaud s'y attachait comme une deuxième peau. Je m'offrais au ciel, au vent et à ses yeux d'artiste. Les jours passaient et plus le tableau avançait, plus son regard devenait brûlant tandis que je m'éveillais à des sensations nouvelles. La toile achevée, il a dessiné l'amour sur mon corps. Ses mains, comme des pinceaux posés sur le paysage, donnaient vie à mes courbes. Tendre comme la mer qui vient délicatement lécher la peau frissonnante, fougueux comme la marée qui monte sans crier gare et se retire en nous laissant haletants. J'ai connu l'extase.

Mon peintre amant est reparti avec la saison estivale et je ne l'ai jamais revu. Mais j'ai toujours la toile qui trône dans mon salon. Elle me rappelle la jeune fille vibrante, fascinée et curieuse que j'étais. Elle me rappelle aussi qu'il ne faut pas que je la perde dans le tumulte de la vie d'à côté, les demandes des uns, les exigences des autres, les besoins de tous, les corvées et la routine. Lorsque mes enfants et mes petits-enfants demandent qui est la femme qui a servi de modèle, je ne réponds rien. Je la protège. Je la garde avec moi, cette femme qui apprit à laisser libre cours à sa sensualité et sa sexualité alors qu'elle s'abandonnait au plaisir des sens.

J'ai parfois l'impression d'avoir mené une double vie. Il m'est arrivé de m'en sentir coupable, mais j'ai depuis longtemps réalisé que nous avons tous besoin de cette part de rêves, de cet antre secret où l'on peut venir se ressourcer, se retrouver et se recentrer : venir à la rencontre de soi et s'accueillir.

Et pour vous, quel est cet endroit ?

Il n'est jamais trop tard pour s'offrir ce cadeau…

Au fait, je ne me suis pas présentée.

Pardonnez-moi.

Je suis Rose-Anne Paquin. La fille, la sœur, la mère, l'épouse, l'amante, la grand-mère, la tante, la confidente et l'amie des êtres qui partagent ma vie. Mais ce soir, je mets mon âme à nu et je me laisse bercer par la douce mélopée de mon fidèle amant, l'océan. Je m'offre à lui avec autant de fébrilité qu'une pucelle à son premier amour. Je laisse choir mes 77 ans aux pieds de ma jeunesse de cœur. Devant lui, je suis l'amour, le désir, la vérité. Je suis femme dans son essence la plus pure…

Je SUIS !

# Retour à la source

Quelque chose de magique flotte dans l'air pendant la dernière journée d'école. On sent la joie, l'excitation, la mélancolie. Les enfants songent à la baignade, à la randonnée à bicyclette, au rendez-vous à la crèmerie et sont heureux. Ah, si l'été pouvait durer dix mois ! Une certaine tristesse s'empare tout de même parfois des cœurs à cause des amis qui déménagent et nous quittent. On a beau promettre de garder le contact, mais la vie nous éloigne souvent de nos bonnes intentions.

Il n'y a pas trente secondes que la cloche annonçant la fin des classes a retenti qu'une marée d'élèves déferle par les portes trop étroites pour laisser passer les bambins enjoués. De nombreux groupes s'engouffrent dans les autobus jaunes alors que d'autres flânent et s'attardent avec leurs amis. Certains se pressent dans les bras de leurs institutrices en les couvrant de bisous tandis que d'autres prennent de façon désordonnée le chemin du retour. Et cette foule colorée donne un air festif à la rue.

Dans la cohue, un groupe d'enfants s'était réuni au parc adjacent à l'école. Aurélie avait pris place sur la balançoire et Anaïs, sa jumelle, avait sorti sa corde à danser. Magali avait cueilli un beau bouquet de fleurs dans lequel elle s'amusait à enfouir le nez et Félix, le seul garçon du groupe, expédiait des cailloux dans les airs avec son bâton de baseball. Iris et Maya jouaient à la cachette autour de l'arbre alors que Nadège s'était blottie auprès de Rosalie qui lui faisait la lecture.

Flavie, la plus sage du groupe, questionnait :

— Aurélie, tu crois qu'on pourra aller à la plage comme l'an passé ?

— Je ne sais pas, mais je l'espère. Nous avions eu tellement de plaisir !

— Eh ben moi, je n'ai pas pu y aller, bougonna Félix, en frappant un autre caillou.

— C'est de ta faute si tu n'y es pas allé, rétorqua Anaïs. Tu n'as qu'à te tenir tranquille pour faire changement.

L'été précédent, Félix avait eu l'idée de grimper à l'arbre avec une grosse araignée noire en plastique qui était d'une réalité à s'y méprendre. Il l'avait attachée à un fil invisible et l'avait laissée choir sur Flavie qui se balançait. Elle hurla à fendre l'âme en battant des mains. Empêtrée dans le fil, elle prit la fuite en tirant dessus, ce qui désarçonna Félix qui tomba de la branche. Résultat, il se retrouva à l'hôpital avec un bras et une jambe cassés. Alité, il n'avait pu se rendre à la plage avec les autres.

À ce souvenir, Félix eut un sourire moqueur. Bien sûr, une partie de son été avait été gâchée, mais il adorait tellement jouer des tours que le jeu en avait valu la chandelle. Des tours dans son sac, il en avait dégainé plus d'un, le petit chenapan. Comme à Noël pendant la pièce de théâtre où il avait remplacé le petit Jésus par la poupée Barbie de Nadège ou pendant la pièce de fin d'année où il avait couru sur scène déguisé en pirate en criant « À moi les trésors et la gloire ! » alors que ce n'était même pas à lui de donner la réplique. Mal lui en prit car dans son empressement, il trébucha dans un des panneaux du décor qui alla choir bruyamment au sol. Depuis, il avait été placé sous haute surveillance, mais les professeurs ne pouvaient se résoudre à l'en priver à cause de sa prestance. D'ailleurs, personne ne pouvait résister à ses grands yeux verts pétillants, à son beau visage constellé de taches de rousseur et à sa magnifique tignasse de cheveux blond roux.

Les enfants jouèrent encore un peu, puis prirent lentement la direction du bâtiment gris et morne du bout de la rue : l'orphelinat. Ils entrèrent en file docile par la porte où les dames en charge de l'institution, souriantes, disponibles et généreuses de leur temps, les attendaient. Elles avaient décoré l'endroit de façon accueillante et joyeuse, mais rien ne pouvait atténuer ce sentiment de vide au fond des tripes que les enfants ressentaient en voyant les parents potentiels repartir avec les bébés ou les très jeunes enfants plutôt qu'eux. Un système engorgé avait depuis longtemps annihilé les chances de certains enfants de se trouver un foyer. Au milieu des autres qui venaient et partaient presque aussi vite, ces derniers n'avaient d'autre choix que celui de grandir au sein d'une famille atypique, encadrés par des adultes qui faisaient leur possible pour compenser ce qui leur manquait le plus, la stabilité.

Félix était arrivé à l'âge de six mois. Sa mère, une femme acariâtre, avait décidé qu'elle en avait assez et l'avait abandonné à la porte de l'orphelinat. La mère des jumelles, au père disparu dans la brume, fit tout ce qu'elle put pour s'accrocher, mais son cancer l'emporta alors que les petites n'avaient que 4 ans. Son dernier souhait avait été que ses filles ne soient pas séparées. Malheureusement, trouver des parents qui voudraient adopter un enfant plus âgé était déjà difficile, en trouver qui accepteraient d'en prendre deux relevait de l'exploit. Des histoires différentes et déchirantes, on en comptait autant qu'il y avait d'enfants.

Après le souper, le groupe des neuf, comme ils s'amusaient à se nommer, prit sa place dans un coin de la salle de jeux. Ils tentaient d'oublier ce chagrin quand Maya rompit le silence :

— Vous croyez que cet été l'un de nous trouvera enfin une famille ?

— Qui voudrait de nous ? répondit Félix avec humeur. Ils craquent tous devant des bébés.

— Pourtant, nous avons beaucoup à offrir, dit Iris, les yeux remplis d'espoir. Nous sommes déjà propres, débrouillards et serviables.

— Ben voilà pourquoi ils ne veulent pas de nous ! s'emporta Félix. Ils aiment mieux les modeler à leur guise.

Nadège, la plus jeune du groupe, se mit à sangloter. Rosalie, l'aînée, la prit dans ses bras pour la consoler. Elle fustigea Félix du regard.

— Que nous trouvions des parents ou non, il faut faire avec ce qu'on a. Nous ne sommes pas seuls, nous sommes une équipe. Nous devons nous tenir ensemble. Et qui sait ce qui nous attendra ?

Flavie s'exclama :

— Pourquoi on ne se donnerait pas rendez-vous dans… hum !... disons… trente ans, au parc ?

— Trente ans ? s'exclamèrent les enfants à l'unisson. Mais c'est toute une vie ça !

— Et pourquoi pas ? acquiesça Rosalie. Faisons la promesse de toujours garder le contact, quoiqu'il advienne. Et rendez-vous dans trente ans.

Elle tendit sa main au centre du groupe. Les enfants placèrent leur main une par-dessus les autres en faisant la promesse de se retrouver dans trente ans, peu importe où la vie les mènerait.

L'été s'écoula sereinement, jusqu'à la mi-août. Jusqu'au matin où, la mort dans l'âme, le groupe s'était réuni devant la porte pour dire au revoir à quatre des leurs. Un couple sans enfant venait de prendre les jumelles qui allaient maintenant habiter à plus d'une heure de route. Nadège, elle, partait pour une banlieue voisine avec un couple ayant déjà une autre fille. Et Félix avait réussi à faire craquer un couple qui avait trois filles, mais aucun garçon.

— Les pauvres petites, avait murmuré Maya en apprenant la nouvelle. Elles vont en baver un coup avec lui.

~

*Trente ans plus tard...*

Il faisait un soleil radieux. Une femme se laissait doucement porter par la balançoire. Un homme et deux femmes venaient vers elle. Aurélie se leva prestement pour les accueillir à bras ouverts. Trois autres femmes vinrent bientôt se joindre à eux. Tous les visages affichaient de larges sourires. Ils avaient tant à se raconter.

Le groupe des neuf s'était réuni, sauf Rosalie et Anaïs. Magali était devenue fleuriste. Pas surprenant, elle avait toujours le nez fourré dans un bouquet. Iris était avocate et Maya, institutrice à l'école primaire. Flavie, l'oreille attentive du groupe, avait choisi la psychologie et pratiquait auprès des jeunes. Nadège était maintenant infirmière, Aurélie dirigeait une chaîne hôtelière et Félix irradiait les scènes de son talent.

Tous étaient parents à leur tour et tous comprenaient maintenant le choix auquel les leurs avaient été confrontés.

Aurélie fixa Nadège du regard. Elles tenaient chacune une photo. Sur l'une d'elles, on voyait Rosalie entourée d'enfants. Dès qu'elle avait eu l'âge de quitter l'orphelinat, elle s'était envolée pour l'Afrique avec un organisme qui venait en aide aux enfants. Aujourd'hui, à la tête de son propre orphelinat, elle n'avait pu quitter le Mali. Et sur l'autre, les amis découvrirent le sourire radieux d'Anaïs, la jumelle d'Aurélie qui était aussi partie, mais dans ce lointain pays d'où l'on ne revient pas. Sa vie à peine entamée, tout comme sa mère, elle avait perdu son combat contre le cancer.

Les sept amis, assis en cercle autour des photos, se tinrent longtemps par la main en continuant d'échanger. Entre les rires et les larmes, en cet endroit où ils avaient développé leur tout premier sentiment d'appartenance, c'était le retour aux sources qu'ils fêtaient.

# La fugueuse

Alors que d'autres songent à planifier leur retraite, à 62 ans, j'ai dû à nouveau assumer le rôle d'un parent, celui de ma petite-fille, Mégane. À un âge trop tendre, la pauvre enfant a vu le visage du diable. Son père, dans un de ses excès de rage, a frappé la vie hors de sa mère. Puis en lâche, il a laissé sa fille derrière. Lorsque j'ai trouvé ma fille morte le lendemain, Mégane était allongée à ses côtés. Elle caressait ses joues. La petite n'avait que 4 ans.

J'avais déjà perdu mon tendre amour l'année auparavant : l'horreur de ce drame me coupa le souffle et me fit perdre tous mes repères. Mais je ne pouvais sombrer, ma petite Mégane comptait maintenant sur moi. Ici, je ne trouve pas les mots pour exprimer mon désarroi. Porter à son dernier repos mon seul enfant me semblait déjà irréel alors qu'il me fallait maintenant élever une petite fille de 4 ans. J'adore Mégane de tout mon être, mais qu'est-ce que j'y connaissais aux besoins d'une fillette et traumatisée en plus. Je ne suis qu'un homme. Je sais tout de la terre et de la ferme. J'ai travaillé toute ma vie d'arrache-pied pour que ma famille ne manque de rien. Mais c'est ma femme qui veillait à l'éducation et aux besoins primaires de notre fille.

J'étais très proche de Marissa lorsqu'elle était jeune. J'avais le beau rôle. Je partageais ses jeux en rentrant du champ. Elle me contait ses mille et un secrets. J'étais son protecteur. Elle me suivait partout dès qu'elle en avait la chance. Quant au quotidien, l'école et tout le reste, ça ne faisait pas partie de mon savoir. J'ai donc dû me prendre en main pour ma petite-fille. Au fil des jours, j'ai appris à répondre à ses attentes, à ses besoins. J'ai appris à cuisiner de façon équilibrée, à écouter et parler son langage. En même temps qu'elle, j'ai appris ce qu'il fallait pour son apprentissage et Dieu sait combien les tâches étaient nombreuses.

Sous les effets du choc, elle s'est tout d'abord renfermée sur elle-même. La première année, elle l'a vécue en silence, se refusant à prononcer le moindre mot. Personne ne pouvait l'approcher, sauf moi. Elle faisait de terribles cauchemars. Elle se réveillait en hurlant, en pleurant et trempée de sueur. À la maternelle, sa langue s'est déliée un peu, juste pour le strict nécessaire. Les interactions avec les autres enfants se faisaient pourtant rares. Elle préférait jouer seule, dans son coin.

Mégane était intelligente, vive, curieuse. Son institutrice a misé sur ces qualités et c'est ainsi qu'elle réussit à éveiller en elle le désir de s'exprimer un peu plus. Les premières années après le drame, ce n'est qu'avec les animaux de la ferme qu'elle s'ouvrait complètement. Je revoyais dans ses gestes envers eux toute sa sensibilité et son côté enjoué. Je ne comptais plus les fois où je l'ai surprise endormie dans la grange. C'est donc là que, tout naturellement, je me dirigeai quand je ne la trouvai pas dans son lit.

En ce matin de juin, j'ai fouillé la grange de fond en comble sans résultat. Je retournai à la maison pour chercher de la cave au grenier. Mégane n'était plus là. Affolé, je m'apprêtais à appeler la police, mais le téléphone sonna. Madame Laurendeau, ma voisine, s'empressa de me dire que Mégane prenait son déjeuner chez elle. Elle l'avait trouvée endormie dans le pré entre mes terres et les siennes. Soulagé, je me dirigeai vers sa maison pour ramener ma petite-fille aventureuse. Je la serrai très fort sur mon cœur et je l'admonestai gentiment en lui rappelant qu'elle ne devait pas sortir la nuit.

De retour, je lui demandai ce qu'elle faisait dans les prés à une heure aussi indue. Du haut de ses 7 ans, sa chevelure de jais cascadant sur ses épaules, ses grands yeux verts avec lesquels elle contemple l'univers du fond du sien, elle était le portrait de Marissa. Elle me fixa en me répondant le plus sérieusement du monde qu'elle avait rendez-vous avec sa mère. Cet aveu me laissa perplexe et inquiet. Avec l'aide d'une psychologue, je suis parvenu à abattre certaines barrières que Mégane avait élevées autour d'elle. Par contre, et peu importe le nombre de serrures que j'installais, je n'ai jamais pu la retenir et l'empêcher de sortir la nuit. Je ne pouvais pas me résoudre à l'enfermer dans sa chambre le soir venu, alors j'ai commencé à la surveiller. Installé dans ma chaise berçante devant le foyer, je ne dormais que d'un œil.

Dans les jours qui suivirent, elle finit par faire une nouvelle escapade, mais cette fois-ci, je la suivis de loin. Je voulais absolument voir ce qu'elle faisait. Elle marcha vers le pré d'un pas déterminé, longeant le chemin où les rares lampadaires fournissaient un maigre éclairage. Arrivée au bout du champ, Mégane se mit à parler de façon animée en regardant vers le ciel. Puis, à ma grande surprise, elle se mit à chantonner et à danser. Elle dansait avec une telle grâce, une telle pureté que j'en fus remué jusqu'aux larmes. Elle semblait flotter, portée par une force invisible. Son visage, caressé par la lueur des étoiles et de la lune, était serein. Le plus beau des sourires se dessinait sur ses lèvres.

Accroupi près de la clôture, tremblant de tous mes membres, je n'ai pas entendu Madame Laurendeau arriver. Subjuguée, elle aussi regardait Mégane évoluer. Mégane dansa encore, combien de temps je ne saurais le dire. Puis, elle dit quelques mots en soufflant des baisers au ciel et reprit le chemin de la maison.

Madame Laurendeau me pressa l'épaule de sa main, puis rentra à son tour. Le lendemain, elle me proposa d'inscrire Mégane à des cours de danse. Elle connaissait une excellente école, dirigée par sa nièce. J'acceptai d'emblée. On ne pouvait douter du talent de Mégane, un talent inné que nous devions encourager. En espérant aussi que la danse puisse l'aider à sortir de sa coquille, je l'ai tout d'abord inscrite à des cours privés, individuels. Mégane avait d'ailleurs refusé de danser devant d'autres enfants. Puis, peu à peu, elle put enfin exprimer ses émotions et se libérer de sa fragilité. Par la danse, je l'ai vue s'épanouir et s'ouvrir comme une fleur qui reçoit enfin sa part de soleil et d'eau.

Mégane danse toujours. De sa passion, elle en a fait son métier. Danseuse étoile d'une troupe connue, elle ne cesse de ravir les gens par sa grâce, sa beauté et la fluidité de ses gestes. Tous croient voir un ange danser. Dès qu'elle esquisse ses premiers pas, elle fugue vers son antre de paix et de sérénité. Là, elle évolue au rythme des mélodies que joue son cœur. Étonnant paradoxe que de fuir au fond de soi pour offrir aux autres tant de richesse et d'émotion. C'est le propre des âmes artistiques, j'imagine.

J'ai 81 ans, le dos ployé sous les ans et les affres de la vie. Mais mon âme est droite et je suis fier de ma petite-fille. À 23 ans, Mégane a vaincu ses démons. Elle n'est plus consumée par la laideur de ce monde, mais par sa passion et sa soif de vivre.

Il y a de la fébrilité dans l'air alors que les spectateurs prennent place dans le théâtre bondé. Quand les lumières seront tamisées, Mégane entrera embraser la scène de sa grâce et de sa fougue. Elle fuira vers son univers de tendresse et de paix pour que de son âme jaillisse la beauté du monde. Elle dansera pour tous les enfants qui ont perdu leurs parents trop tôt, ceux qui furent ou qui sont encore la proie d'êtres perfides. Elle dansera, le cœur au creux de ses mains, en l'offrant à ces femmes sans voix, celles qui sont tombées sous les coups de colères insensées. Mais par-dessus tout, elle aura compris qu'il faut vivre un jour à la fois et que ce qu'on croyait impossible du fond de la nuit devient possible sous la lumière d'un nouveau regard sur la vie… un cœur qui bat non plus juste pour vivre, mais pour aimer et ressentir.

# Brume d'anges

Après que la nuit eut cédé sa place à l'aube, une brume bleutée flotta au-dessus de la vallée, l'ornant d'une aura mystique. Alors qu'il guidait ses moutons vers les pâturages, Lucas frissonna en descendant vers le décor mi-lugubre, mi-magique. Il avait pourtant l'habitude de cette heure matinale, mais il ne pouvait s'empêcher de penser aux légendes qu'il entendait depuis qu'il était enfant. Certains racontaient des histoires de meurtres sanguinaires qui auraient décimé la population du village une centaine d'années auparavant, et d'autres parlaient de veuves éplorées qui hantaient les nuits de la vallée à la recherche de leurs époux disparus en mer. Qu'elles soient vraies ou non, personne ne pouvait nier que cet endroit semblait envoûté et qu'on ne s'y sentait jamais seul.

Lucas croyait que la vallée était hantée et que lorsque l'aube arrivait, les esprits qui l'habitaient se dispersaient en emportant leurs secrets avec eux. Il avait souvent entendu une douce mélodie provenant du versant nord, face à la mer. Il n'avait jamais osé en parler, même pas à Caitlyn, son épouse bien-aimée. Oh ! Il avait souvent tenté de s'approcher du boisé d'où provenait la musique, en vain. D'étranges présences se manifestaient dès qu'on y posait le pied. Il avait beau se dire qu'il était seul avec ses moutons, mais les frissons qui parcouraient son échine l'obligeaient à rebrousser chemin. Ce matin, il avait à nouveau entendu la douce mélodie. Et ce matin, enfin, il avait décidé de prendre son courage à deux mains.

Il s'enfonça courageusement dans le sous-bois du versant nord. Les ombres et la brume l'enveloppaient, la musique s'amplifiait et la peur étreignait son cœur comme jamais auparavant. La brume, toujours aussi dense autour, faisait écran à la petite clairière où elle flottait en volutes légères. Mû par une force invisible, Lucas avançait sans réfléchir.

Une cache, faite de brindilles et de branches, attira bientôt son attention. Il en écarta le feuillage et découvrit une grotte minuscule creusée en flanc de colline. Il s'accroupit et parvint à y entrer le haut du corps. Il sortit sa lampe de poche, éclaira ses parois et remarqua dans un coin reculé un objet qui ressemblait à un coffre. Il s'étira et réussit à s'en emparer. Vainqueur, il en sortit en serrant le petit coffre poussiéreux contre son cœur. Pressé de découvrir ce qu'il recelait, il s'assit et enleva la couche de poussière et de terre en le balayant du bras. Après s'être battu avec le fermoir rouillé, il réussit enfin à l'ouvrir.

Lucas fut tout d'abord déçu par les rouleaux parcheminés. Mais à quoi s'attendait-il ? À un trésor laissé par des pirates ? Il réprouva ses pensées enfantines et commença à dérouler délicatement les feuilles fragilisées par les nombreuses années de réclusion et d'humidité. Il ne mit pas de temps à comprendre ce que c'était : chacune d'elles était une partition pour piano et clarinette ou un texte de chanson écrite à la main. Musicien de talent, Lucas n'allait nulle part sans sa clarinette. Il s'empressa de la sortir de son sac et commença à jouer. Sa fébrilité du départ se transforma vite en enchantement, il venait de mettre la main sur un réel trésor. Les mélodies étaient d'une rare beauté. Mais qui avait pu les composer ?

Il joua pendant des heures, jusqu'à les connaître par cœur. Il chantonna les autres partitions pour piano. Et quelle ne fut pas sa surprise de reconnaître la mélodie qu'il entendait depuis des années, à chacun de ses petits matins brumeux alors qu'il guidait ses moutons !

Il les examina encore un moment et finit par faire le lien entre chacune des pages dont l'ensemble marquait une œuvre inachevée. Une pièce magnifique, irlandaise, faite pour être chantée par une femme. Il en déduit qu'elle devait avoir été laissée par un habitant du pays, peut-être même du village. Mais la pièce n'était pas signée. Comment faire pour retrouver l'auteur ?

Lucas replaça le trésor dans son coffre et retourna à ses moutons en attendant le soir. Caitlyn n'allait pas en croire ses oreilles.

~

Il ouvrit la porte avec fracas et se lança avec animation dans des explications que sa femme peinait à comprendre tellement il parlait vite. Jamais elle n'avait vu son mari gesticuler autant. Il pointait un coffre sale qu'il avait déposé sur la table. Elle regardait son grand fou couvert de poussière, ses yeux verts débordant d'excitation et ses boucles rousses en désordre en se demandant quelle mouche l'avait piqué.

Sans attendre de réponse, il s'installa au piano avec les partitions et commença à jouer en continuant de débiter un flot de paroles pratiquement incompréhensibles tant il avait du mal à se contenir. Caitlyn aussi fut charmée par la beauté de la mélodie. Se tournant vers le coffre, elle découvrit d'autres partitions et tout au fond, l'enveloppe que Lucas n'avait pas vue. Elle l'ouvrit et sortit la lettre manuscrite, qu'elle lut. La surprise et l'incrédulité transcendèrent son visage. Puis, d'une main tremblante, elle la présenta à son mari.

— L'auteur… C'est Teagan McCarthy, ton arrière-grand-père !

Béat, Lucas prit la lettre qu'il lut à son tour. Le choc était profond. Teagan McCarthy était un homme qui vivait de la pêche et de la terre. À sa connaissance, il n'avait jamais touché un instrument de sa vie. Dans ses mains, il tenait pourtant les dernières volontés d'un musicien de grand talent.

*Si vous lisez cette lettre, c'est que vous avez trouvé mon coffre. Cela signifie également que j'ai quitté ce monde avant d'avoir achevé mon œuvre. J'espère ardemment que celle-ci trouvera un cœur bienveillant qui veillera à ce que mon œuvre soit remise à quelqu'un qui saura la terminer. Mon souhait le plus cher est que la musique qui résonne en mon âme puisse être entendue.*

Après le souper, ils prirent le chemin de la maison de Fiona, la grand-mère maternelle de Lucas, la fille de Teagan. Elle écouta le récit de son petit-fils avec beaucoup d'émotion et toucha tendrement les feuilles de son père. À sa lecture, ses larmes coulèrent sans retenue.

— Mon père était un artiste dans l'âme, expliqua-t-elle. Ma mère, Orlaith, avait une voix superbe. J'étais petite, mais je me souviens de l'avoir vu écrire ces partitions sur le coin de la table, à la lueur de la lanterne. Vous savez ce que signifie Teagan ?… Cela veut dire « poète ». Et Orlaith signifie « princesse dorée »… Ils portaient bien leur prénom. Mon père écrivait de superbes textes. Je me rappelle encore les entendre, mon père au piano ou à la clarinette et ma mère qui l'accompagnait en chantant. Elle avait une telle prestance… Tous deux rêvaient d'en faire leur métier. Mais à l'époque, ce n'était pas un choix bien vu. Surtout par le père de Teagan. Le vieux Baile était un homme froid et insensible à toute forme d'art. Sa seule ambition pour son fils était de le voir reprendre la terre et la compagnie de pêcherie. Mon père avait une famille à faire vivre, il s'est donc soumis à l'autorité du vieux Baile… Il écrivait en secret. Chaque fois qu'il partait en mer, il cachait son coffre. La mer est imprévisible, mon père devait savoir qu'un jour il y resterait… Elle lui a pris son corps, son âme et ses secrets… Ma mère n'a jamais plus chanté par la suite. La musique a quitté cette maisonnée jusqu'à ce que tu commences à en jouer, Lucas. Tu as hérité des talents de mon père.

Peinant contre l'arthrite qui ralentissait son corps, elle se leva et se dirigea vers sa chambre. Elle en revint avec plusieurs vieux cahiers qu'elle remit à son petit-fils. Il en ouvrit un et reconnut l'écriture de son arrière-grand-père. Les pages étaient couvertes de poésie, de textes de chansons, de notes de musique.

Fiona prit les mains de son petit-fils :

— C'est à toi que revient l'honneur de compléter l'œuvre de ton ancêtre. Je ne sais pas comment tu as trouvé ces partitions, mais tu as le talent et la sensibilité pour la terminer. C'est ton héritage.

Lucas, aux prises avec une vague d'émotion, regarda Caitlyn qui lui sourit en hochant la tête.

— Oui, grand-mère. Je ferai mon possible pour être à la hauteur et pour que tu puisses l'entendre à nouveau.

~

Lucas mit plus d'un an à compléter son œuvre. Pendant ses incertitudes et ses doutes, Caitlyn et Fiona l'avaient soutenu et encouragé. Maintenant, l'œuvre de son arrière-grand-père était prête, on la lançait en public. Le soir de la toute première représentation était venu.

Teagan McCarthy allait enfin faire entendre la musique qu'il avait portée toute sa vie en son âme. Lucas ne pouvait s'empêcher de penser à la façon dont il avait trouvé le coffre. Seule Caitlyn était au courant. Les esprits hantent la clairière. Lucas savait aujourd'hui que son arrière-grand-père l'avait guidé vers son héritage, tout comme lui guide ses moutons dans les brumes du matin où l'on entendait les « Brumes d'anges », le titre de son morceau préféré.

Marie Louise Monast

# Douce nostalgie

Bon. Il me semble que je viens tout juste de me lever. Les journées passent donc vite en vieillissant ! J'ai pourtant complété toutes les corvées prévues sur ma liste aujourd'hui. Il ne me reste qu'à placer mes coussins et oreillers sous les endroits névralgiques ou, devrais-je plutôt dire, stratégiques de mon vieux corps qui craque de partout. Faut-il croire que l'on tombe en pièces détachées après la cinquantaine ? Dernier défi : m'endormir.

Et pendant que, interminablement, j'attends, immobile, dans mon lit douillet le train de Morphée, d'innombrables souvenirs se bousculent dans ma tête. Quelques-uns, nostalgiques, des étés de mon enfance, titillent mon cœur. Je souris. Je revis les vacances d'antan. Le bonheur est au rendez-vous. À l'époque, au sein de la fratrie régnait une harmonie complice : des balançoires attachées ensemble pour maintenir un rythme synchronisé aux concerts chantés *a capela* devant un auditoire d'enfants voisins, en passant par les joutes de baseball dans le salon avec les coussins rouges. Bien sûr, les parents étaient absents.

Je me souviens des jours chauds qui s'étiraient de l'aube à la brunante pendant que le temps paresseux égrainait les heures insouciantes. Le soleil, souvent au rendez-vous, asséchait nos villages fabriqués avec de la boue. À chacun son territoire démarqué par une clôture imaginaire, mais des routes et des bâtiments bien réels et construits à la sueur de notre front avec des bouts de bois et de carton.

Et pour animer nos précieux patelins d'un scénario improvisé, nous avions placé ici et là des soldats de plomb et des voiturettes en plastique, toutefois vite détruits par Puppy, notre colley, que maman avait fait sortir dans la cour. Les aboiements joyeux et nos cris de désespoir composèrent sur-le-champ une symphonie cacophonique. Et pendant que le conquistador quadrupède terminait son ravage dévastateur, maman se lançait à la fenêtre en nous menaçant de nous punir si nous ne nous taisions pas. Nous restions là, bouche bée, à évaluer les dommages collatéraux. Rien à faire. Demain était toujours un autre jour où de nouveaux villages ressuscitaient de leurs cendres.

De notre imagination fertile naquit *Le club des bons enfants*. Bons ? C'est à vous d'en juger. Allumer tous les lampions gratuitement dans l'église. (Était-ce pour une bonne cause ou un concours ?) Grimper sur les statues pour embrasser un saint, la Vierge Marie ou le Christ sur la croix. (Ce défi-là, je n'ai pas idée pourquoi.) Celui ou celle qui est le ou la plus rapide à réciter son chapelet à haute voix ou à faire expéditivement le chemin de croix gagnait le pari. (Nous étions pieux à cent milles à l'heure !) Entrer dans les immeubles pour faire résonner toutes les sonnettes des appartements. Crier dans les corridors de l'école publique du quartier et se sauver presto. (*Fun, fun, fun !*) Déterrer les fleurs d'une voisine grognonne pour les lui vendre par la suite dans un pot écorché. (Pas une bonne idée, celle-là.) Conséquence : consignés dans notre cour pour le reste des vacances. Alors, pour oublier la sévère punition, coup de théâtre : on se proclamait « acteurs » maintenant. Pas de temps à perdre. Nous avions déniché des haillons pour les costumes et, faute de maquillage, la gouache devenait un parfait substitut. Un vieux drap, suspendu à la barre supérieure de la balançoire désormais squelettique, servait de rideau. Il ne nous restait qu'à écrire les histoires. Pas de panique ! On improvisera au fur et à mesure. Les petits voisins payaient un sou noir par représentation et, à la fin de l'été, nous avions suffisamment amassé d'argent pour acheter une tablette de chocolat à dix cents. Chacun dégustait avec fierté la redevance de son art. La morale de cette histoire : occuper les enfants avant qu'ils ne vous occupent.

Pourtant, l'enfant a besoin de peu pour être heureux. Donnez-lui un crayon et du papier et il vous offre son univers. Et que faisions-nous durant les jours pluvieux ? Bien, pendant que les garçons jouaient à Paquet Voleur, les filles dessinaient et découpaient de nouvelles robes pour leurs poupées de papier. Les boîtes vides de céréales étaient génialement recyclées en théâtres où des spectacles de marionnettes succédaient aux défilés de mode des dernières créations. Et pour brûler le trop-plein d'énergie qui faisait gigoter les jambes sous la table, on innova un jeu hardi. Avec les gros cartons à papa, transformés en toboggans, nous dévalions l'escalier du solarium menant au sous-sol. Un ange nous protégeait sûrement puisque personne ne s'était blessé. Le danger ne faisait pas partie de notre vocabulaire, faut-il conclure.

Je soupire. Un suave souvenir me remonte à la gorge.

Un beau matin d'août, un de mes frères trouva un oiseau mort près du pêcher. Il convoqua ses pairs d'urgence pour réaliser des funérailles. Tous acquiescèrent à la proposition. On déposa la minuscule dépouille dans un petit contenant trouvé dans la poubelle. Puis, avec deux branches et une vieille planchette, on confectionna un grabat. Grave, le cortège funèbre se mit en branle autour de la maison en chantant des cantiques religieux. Et derrière le rosier sauvage, on enterra respectueusement la petite créature.

Un autre souvenir me fait glousser cette fois-ci. Un dimanche de canicule, après un frugal souper, les adultes passèrent au salon pour siroter une liqueur alcoolisée, laissant leur progéniture faire la fête dans la cuisine. Ma sœur aînée découpa l'immense pastèque en plusieurs morceaux. Chacun prit sa part. Nous étions une bonne douzaine d'enfants à mordre bruyamment dans ce fruit extra frais permettant au jus sucré de dégouliner sur le menton et dans le cou. Je n'ai jamais su qui a commencé, mais un « HEY ! » en engendra un autre, et un autre, puis plusieurs autres. La guerre de noyaux s'intensifia telle que les graines virevoltaient de partout. Rires et cris alimentaient l'heureux affrontement. C'était vraiment chacun pour soi. On en retrouvait partout : dans les cheveux et sur les vêtements, les chaises, la table, le plancher, les comptoirs et même par-dessus le réfrigérateur et les armoires de cuisine. Quelle agréable et joyeuse euphorie juvénile !

Je me retourne sur le côté en position fœtale dans mon lit. Je souris. Jusqu'à ce jour, je demeure une éternelle romantique dans l'âme. La plus douce des nostalgies est sans conteste celle où, avant de me coucher, j'empruntais le téléphone jouet de mon frère cadet. J'invitais Cendrillon, La Belle au bois dormant et ma favorite, Blanche-Neige, à un bal costumé donné en l'honneur de mes fiançailles avec le Prince charmant. Toutes les bonnes fées y étaient aussi invitées, bien sûr ! Le lieu du bal ? Dans mes rêves, évidemment.

Je bâille une fois. Deux fois. Trois fois. Bon. Ai-je encore loupé le train de Morphée ou est-il tout simplement en retard ? Je devrais peut-être recommencer ce petit manège pour m'aider à m'endormir et, qui sait, valser la nuit entière dans les bras du Prince charmant de mon enfance.

Bonne nuit ! Bon rêve ! À demain matin !

# ℛaconte-moi ta vie

Ce jour-là, je voyais ma mamie chérie vivante pour la toute dernière fois. Je savais qu'elle souffrait d'un cancer qui la rongeait depuis plusieurs mois, mais dans ma tête d'enfant, le concept de la mort me semblait une chose abstraite. Je n'oublierai jamais ce tête-à-tête où, assises toutes les deux au fond de son immense jardin, nous contemplions l'immensité verdoyante qui se déployait devant nous. Grand-maman était sereine et souriante, moi, curieuse et ricaneuse. Je l'observais discrètement et l'admirais tellement pour ce qu'elle représentait : une personne déterminante et positive.

— Mamie, raconte-moi encore ta vie, osai-je lui demander pour la énième fois.

— Que veux-tu savoir ?

— Tout ! Je veux tout savoir de toi ! Je t'aime tellement, mamie !

— Je t'aime aussi, ma puce, murmura-t-elle avant de fermer ses paupières pour mieux se replonger dans ses souvenirs.

Il y eut un court temps de réflexion silencieuse avant qu'elle ne commence d'une voix plus suave que d'habitude son ultime récit de vie.

— J'ai lu quelque part qu'autrefois, les parents avaient beaucoup d'enfants et qu'aujourd'hui, ce sont les enfants qui ont beaucoup de parents. J'appartiens à la première catégorie, évidemment. Et comme tu le sais, je suis l'aînée d'une nombreuse famille : quatre filles et cinq garçons, dans cet ordre. Pauvre maman ! Elle s'était rendue malade à accoucher en série toute sa marmaille. Une femme n'avait pas le droit d'empêcher la famille et le curé, du haut de sa chaire, condamnait aux feux de l'enfer celles qui osaient désobéir. De plus, l'instruction n'était pas nécessaire pour les filles puisqu'elles se mariaient de toute manière. Pas besoin d'aller à l'école pour élever des p'tits !

— Mais toi, mamie, tu es allée à l'école.

— Bien sûr. Et je me considère privilégiée d'avoir pu terminer ma 8e avec succès.

— Raconte-moi tes années au primaire. C'est tellement drôle !

Ma grand-mère me sourit tendrement.

— Nous étions tellement innocents à l'époque. Nous acceptions, en tant que vérité absolue, tout ce qu'on nous enseignait. J'ai dû apprendre par cœur les cinq cent huit questions et réponses du petit catéchisme du Concile de Trente. Les religieuses nous faisaient peur avec leur balancier du « toujours-jamais ». Franchement ridicule lorsque j'y pense aujourd'hui. Ces chères sœurs étaient, somme toute, aussi innocentes que leurs élèves. Savais-tu que je croyais que les religieuses n'allaient jamais à la toilette et qu'elles ne tombaient jamais malades ? Et que dire de leurs épais et sombres costumes empesés…

Elle ferma ses yeux tout en prenant une grande inspiration. Son visage s'illuminait au gré de ses pensées.

— Et après, mamie ?

— Et après… La messe du dimanche et des jours de fête religieuse était obligatoire sous peine de péché mortel et avec un seul et unique péché mortel tu allais en enfer, un point c'est tout ! De plus, à partir de l'âge de raison, il fallait respecter un long jeûne depuis minuit pour faire une bonne communion. On se confessait le premier vendredi du mois après un exhaustif examen de conscience. La sœur déclinait tous les péchés possibles de l'humanité. Il y avait des péchés véniels, des péchés mortels, des péchés capitaux et le fameux péché contre l'esprit. Quelle horreur ! Nous étions forcément sages, davantage par la peur que par nature. On se tenait bien droit avec les oreilles molles. Tout était réglé au quart de tour, y compris nos vêtements. Pour l'école, je portais une tunique de laine qui piquait la peau, des vêtements usés le samedi et le dimanche, pour aller à l'église, une jolie robe, des gants et un chapeau de paille ou de laine selon la saison…

Cet après-midi-là, ma grand-maman me divulgua son passé pendant plus d'une heure. Je l'écoutai avec une attention soutenue. Elle raconta qu'elle avait quitté l'école contre son gré pour aider aux diverses corvées à la maison. Et dire qu'aujourd'hui, nous avons des électroménagers qui font le travail à notre place ou presque. À l'époque, les femmes se battaient avec la lessiveuse à tordeurs et elles étendaient leur lavage hiver comme été. De plus, les tissus synthétiques n'étaient pas trop populaires. On repassait les chemises et les pantalons des gars et les blouses, les jupes et les robes des filles. « Le travail ne tue pas ! » Peut-être pas, mais après plusieurs fausses couches successives, mon arrière-grand-mère mourut et ce fut vers l'aînée que la fratrie se tourna pour retrouver un peu de réconfort maternel. Mamie venait de fêter ses 17 ans.

— Puis, est arrivé mon premier prétendant prénommé Oscar.

— C'est grand-papa ?

— Oui, c'est ton grand-père…

Grand-maman créa son petit *refus global* en faisant justement le contraire de sa propre mère : le contrôle des naissances. Elle avait choisi de n'avoir que cinq enfants, quatre garçons et une fille. De plus, elle travailla à temps occasionnel pour savourer une certaine liberté et une autonomie. Malgré les sacrifices et la bonne éducation prodiguée, ses enfants suivirent le courant fou de la Révolution tranquille. La société s'émancipa. L'Église catholique commença à perdre le contrôle sur ses ouailles. Les religieux et religieuses défroquèrent. Les garçons portèrent les cheveux longs, les filles coupèrent court les leurs. Les séparations et les divorces se multiplièrent, le concubinage était à la mode. C'est dans ce nouvel engouement de vie que j'ai vu le jour. Mamie venait toujours à notre défense et rabrouait les mauvaises langues qui osaient insinuer que ses petits-enfants étaient illégitimes. Sinon, grand-maman ne critiquait jamais publiquement qui que ce soit. Elle respectait toujours le style de vie de tout un chacun. Et lorsqu'elle me gardait, elle me lisait ou me racontait de jolies histoires qui se terminaient par une bonne leçon de morale. Les samedis étaient jours sacrés pour ses petits-enfants qu'elle affectionnait de manière bien particulière. À chacun son samedi et ses secrets avec elle. J'avais toujours hâte à mon tour.

Mamie s'était tue. Nous étions demeurées ainsi pendant de longues minutes à écouter la vie autour de nous. La fin d'août nous gâtait encore de ses parfums ensoleillés. Mais cette douce saison ne perdure jamais, hélas !

— Je ne serai plus de ce monde lorsque les feuilles tomberont cet automne, me confia-t-elle d'une voix presque inaudible.

Sidérée, je m'étais jetée à ses genoux, les yeux noyés d'amour.

— Je vais me lever la nuit pour les coller dans les arbres. Tu n'as pas le droit de mourir.

Tendrement, elle bécota mes mains avant d'éponger mes joues larmoyantes.

— La vie prend bien soin de nous, ma puce. Tu le sais très bien que nous mourrons tous un jour. Mon tour est arrivé. J'ai eu une bonne vie bien remplie. Je n'ai aucun regret. J'ai réalisé tous mes rêves.

Ses prunelles azurées me sourirent. Son visage de porcelaine s'illumina d'une paix inexplicable.

— Et toi, que rêves-tu de faire lorsque tu seras grande ? me demanda-t-elle calmement.

Je la regardai droit dans ses yeux et d'une voix digne de confiance, je lui déclarai :

— Une grand-maman, comme toi !

Elle éclata illico de rire. Un rire tellement mémorable.

Ce jour-là, je voyais ma mamie chérie vivante pour la toute dernière fois. Mes vacances d'été déjà terminées, je devais retourner en ville pour l'école. Effectivement, lorsque les feuilles tombèrent cet automne-là, grand-maman prit son envol vers un monde meilleur.

Aujourd'hui, je suis enceinte et mon rêve de devenir une grand-maman comme ma mamie chérie ne s'est jamais tari. Bien au contraire, je veux, moi aussi, perpétuer ce précieux legs d'amour à ma progéniture. Qui sait ? Un jour, un de mes petits-enfants me demandera peut-être à son tour : « Mamie, raconte-moi ta vie. »

# L'ange noir

Au commencement, Dieu créa l'Univers. Dieu est une femme, évidemment, puisqu'elle est capable de gérer plusieurs tâches en parallèle. Altruiste de nature, elle donna donc en héritage un système solaire à chaque entité de son royaume. Ces êtres suprêmes, à leur tour, veillèrent à ce que leurs planètes tournent rondement et chacun partit, heureux et comblé : sauf Michael, l'entité la plus désorganisée et distraite. À vouloir en faire trop pour plaire, Michael sabota inconsciemment tout ce qu'il touchait. Pourtant, Dieu, dans sa grande bonté, lui légua le système solaire le plus facile à gérer. Pour simplifier sa fonction tutélaire, Dieu ne peupla qu'une seule planète : la Terre. Michael devait cependant obéir à l'unique consigne, celle d'y envoyer un ange protecteur qui devait revenir périodiquement l'informer de son évolution. Mais devant le choix complexe de l'ange en question, Michael paniqua. Alors Dieu, dans son immense générosité, créa l'humour et un tableau de bord sur lequel tous les anges étaient représentés par une couleur.

— Tu n'as qu'à faire un seul et unique choix. C'est un jeu d'enfant et tu es capable d'accomplir cette simple tâche sans bévues, lui dit Dieu.

L'enthousiasme de Michael fut tel qu'il trébucha en voulant sauter au cou de sa Créatrice et tomba sur le tableau de bord, relâchant du même coup tous les anges sur la Terre. Dieu hocha la tête, mais dans sa grande miséricorde, lui pardonna. Toutefois, chaque action attire ses conséquences. Alors, Dieu lui accorda une ultime chance.

— Michael, je te confine dans cette salle où tu ne ressortiras qu'une fois que tous les anges me seront revenus. Ta seule tâche sera de faire l'inventaire des retours. J'enverrai personnellement mon gardien caméléon qui parcourra la Terre pendant toutes les époques pour repérer mes créatures perdues. C'est le seul que je n'ai pas osé inscrire sur le tableau de bord. Sa véritable couleur est noire et il prendra toujours une forme humaine sur cette planète pour ne jamais se faire reconnaître. Aucune autre information ou aucun autre indice ne te seront révélés. Sache qu'il sera le dernier à se rapporter, et par ce fait même, celui qui te libérera.

Depuis ce jour, Michael empila sur son bureau des milliers de dossiers, tous de couleurs différentes, tous appartenant à une créature retrouvée, mais jamais à l'ange noir. Chaque ange arriva sous une forme humaine : homme, femme, enfant. À chacun son époque, à chacun son pays, à chacun son histoire. Et pour chacun, Michael dut remplir une fiche complexe d'identification, écrire tous les détails de sa vie et puis associer la couleur du dossier à la personnalité du concerné. S'il se trompait, le nom humain s'effaçait sur la couverture. S'il réussissait, le nom humain brillait comme un diamant au soleil. Et ce fut ainsi pendant des millénaires tandis que les nouveaux manuscrits apparaissaient sur son bureau sans lui laisser un seul instant de répit. Toujours la même routine parsemée de temps à autre de bonheur, de tristesse ou d'humour. Toujours les mêmes questions, le même espoir à la recherche de l'ange noir qui le libérerait. Et si Dieu l'avait condamné dans cette salle pour l'éternité, pour un excès d'enthousiasme, et que ce fameux gardien caméléon, alias l'ange noir, n'était qu'un canular pour le punir ? Non. Dieu ne punit pas. Michael devait se racheter en prouvant à sa Créatrice qu'il pouvait réparer sa bêtise. Il se devait de renaître de ses cendres et devenir une entité fiable et consciencieuse.

Et puis, un jour…

— Prénom ?

— Belle.

— Je sais que tu es belle. Je ne te demande pas ton sobriquet, mais ton prénom.

— C'est Belle. Vous ne me croyez pas ? Faut-il que je justifie le prénom que mon père m'a donné ?

Michael toisa du regard cette jeune femme fort séduisante et entièrement revêtue de carmin. Il hocha la tête puis fouilla dans sa paperasse, son dossier personnel.

— J'écoute, dit-il en tirant sous une pile une chemise carmin identique.

— J'ai sept frères : Abel, Daniel, Emmanuel, Joël, Noël, Michel et Manuel. Puis trois sœurs : Krystelle, Rachelle et Chanelle. Ils sont tous blonds aux yeux bleus. Bien, regardez-moi ! J'ai les cheveux noirs et mes prunelles sont plus sombres que la nuit. Je suis le portrait tout craché de ma mère.

— Et ? fit-il, interrogatif, en se laissant choir dans son fauteuil de cadre supérieur derrière le colossal bureau bondé de documents polychromes.

— À ma naissance, il, c'est-à-dire mon père, bien sûr, a prononcé « belle » à cause de ma peau si blanche, mes cheveux si noirs et mes grands yeux foncés qui le fixaient.

— Coudon' ! Me racontes-tu un conte de fée pour m'amadouer ? Parce que ce n'est pas mon département, ce truc-là.

— Non. C'est la vérité, sinon je ne serais pas devant vous pour…

— OK ! J'ai compris. Nom de famille.

— Labelle.

— Belle Labelle ! Le comble de l'originalité ! Il ne manque plus que tu me confirmes que tes parents ont des noms analogues.

La femme gloussa. Michael demeura stoïque.

— Mon père se prénomme… Fidel et ma mère, Gisèle Trudel.

— Fidel Labelle et Gisèle Trudel engendrèrent onze… *bébébelles !*

Michael lança le dossier carmin sur une des nombreuses piles qui s'accumulaient depuis des lunes sur son bureau. L'équilibre déjà fragile des pyramides de manuscrits succomba au choc. Tous les dossiers glissèrent les uns à la suite des autres vers le plancher de marbre blanc comme une cascade d'eau dans une rivière. Seule une épaisse chemise noire demeura en place devant lui. Une inscription dorée en grosses lettres gothiques brillait d'une intensité éblouissante sur la couverture. D'un œil suspect, Michael l'examina minutieusement avant d'en prendre possession. Et d'une voix magistrale, il lut :

— Belle Labelle !

Leurs regards démythifiés se rencontrèrent au carrefour des émotions confondues. Il y eut une pause, une larme, un sourire…

— L'ange noir, c'est toi ? C'est bien toi ?

— Et oui, c'est moi !

Aussitôt, devant les yeux stupéfaits de Michael, Belle se transforma successivement en tous les hommes, femmes et enfants qui se sont présentés devant lui depuis le début jusqu'à ce jour. Il n'y avait donc jamais eu de milliers d'anges perdus sur la Terre par sa maladresse. Il n'y avait eu qu'une seule grande classe de patience aux myriades de petits devoirs et leçons. Et grâce à la compassion de Dieu, le gardien caméléon, alias l'ange noir, joua tous les rôles afin que Michael ne soit plus jamais la risée de ses pairs.

Alors s'ouvrirent d'immenses portes dorées sur sa Créatrice qui l'accueillit les bras grands ouverts. Ébaubi, Michael sortit la tête haute, le cœur gonflé de fierté d'avoir réussi à accomplir la tâche la plus minutieuse et complexe jamais donnée auparavant à une entité. Terriblement ému, il se retourna pour remercier Belle, qui, tendrement, lui sourit avant de s'évaporer et de pénétrer dans l'esprit de Dieu.

Et oui, Dieu est une femme, évidemment, puisqu'elle est capable de gérer plusieurs tâches en parallèle et même d'incarner l'ange noir pour chacun d'entre nous.

# Demain, dès l'aube

Je sais qu'il y a un pont d'amour qui relie le ciel à la Terre où chaque souvenir qui le traverse se mue en blanc mouton bêlant ton nom dans les prés embrumés de mon cœur. Tu es une âme qui a traversé trop rapidement ma vie, telle une réconfortante pluie soudaine par une journée d'été étouffante, abandonnant mon cœur depuis endolori qu'aucun mot ne peut soulager. Un jour peut-être, je comprendrai.

Il n'existe pas de douleur plus profonde que celle de la perte d'un enfant. De son enfant. Je croyais sincèrement avoir touché les bas-fonds du désespoir avec le décès de ta mère à ta naissance. J'avoue que l'amour d'une maman est unique, mais rien ne se compare à la complicité entre un père et sa fille. Mes bras ne furent-ils pas les premiers à t'accueillir dans ce monde et à te bercer longuement jusqu'à l'aube ? Non. Je n'étais pas prêt pour cette perte. Je m'accroche égoïstement à mon deuil parce que c'est tout ce qui demeure de tangible à mes émotions. Je ne veux surtout pas remuer le silence qui me plonge perpétuellement dans le passé. Tu avais labouré en moi un jardin de petits bonheurs. En conséquence, je me fais un devoir d'arroser de mes larmes ces petits bourgeons de bonté magnanime et de beauté incommensurable pour que jamais tu ne disparaisses de ma mémoire.

Qui peut comprendre ma peine ? Comment puis-je retrouver consolation et paix dans mes souvenirs ? C'est vrai que je te sens vivre au plus profond de mon cœur. Il ne me suffit que de fermer les yeux pour te revoir courir avec le troupeau d'ovidés à toison laineuse et frisée dans les pâturages de ton grand-père. Tu riais à gorge déployée tout en imitant leurs bêlements. Et voilà que tu cherchais continuellement à savoir comment un si doux petit mammifère domestiqué pouvait émettre des sons aussi puissants. Tu posais des questions pour tout et moi, je ne trouvais pas toujours les réponses. Et oui, tu t'offusquais en m'affichant une moue à me dérider. Je n'oublierai jamais ton visage, ni la musique de ta voix, ni la tendresse de tes caresses, ni tes histoires de blancs moutons que tu inventais au gré de tes humeurs, ni les leçons de ta courte vie, ni tes rêves, ni tes déceptions. Tu m'as légué ton sourire et surtout ton rire, qui résonne encore et encore dans ma tête. Comment puiser réconfort et sérénité auprès des autres vivants ? Serais-je mort avec toi ?

Oui. La mort me poignarda l'âme le jour où j'ouvris la porte sur les deux agents de la paix venus m'annoncer que tu avais été victime d'un accident. Un stupide accident. Comme tu attendais tranquillement l'autobus pour te rendre à la polyvalente, un chauffard ivre perdit le contrôle de son véhicule, te happa et te traîna sous sa roue sur plus de cinq cents mètres avant d'arrêter sa folle course dans le fossé. Arrivé à l'hôpital en catastrophe, je m'étais buté contre un médecin qui tentait de me calmer tout en m'expliquant l'irréversible.

Alors survint le déni. Je refusais catégoriquement de croire à ton départ.

Et puis la colère. Ton corps mutilé gisait là, inanimé, sur une civière maculée de ton sang.

Finalement, le mutisme. Le choc. T'identifier…

Je me noie depuis dans un court texte de Victor Hugo. À vrai dire, ce poème, je l'avais appris par cœur à l'adolescence dans le cadre du cours de français. Certes, je le trouvais beau à l'époque, touchant tout au plus. Toutefois, aujourd'hui, le sens et la portée de ses mots se traduisent au-delà de la collusion post mortem. Lui aussi perdit sa fille Léopoldine dans un bête accident sur la Seine. La barque avait chaviré, noyant du même coup trois autres personnes de la parentèle. Victor Hugo ne s'en était jamais consolé par la suite. Pour exorciser son cruel deuil, quatre douloureuses années plus tard, il écrivit cet émouvant poème à la douce mémoire de sa fille.

*Demain, dès l'aube, à l'heure où blanchit la campagne,*
*Je partirai. Vois-tu, je sais que tu m'attends.*
*J'irai par la forêt, j'irai par la montagne.*
*Je ne puis demeurer loin de toi plus longtemps.*

*Je marcherai les yeux fixés sur mes pensées,*
*Sans rien voir au dehors, sans entendre aucun bruit,*
*Seul, inconnu, le dos courbé, les mains croisées,*
*Triste, et le jour pour moi sera comme la nuit.*

*Je ne regarderai ni l'or du soir qui tombe,*
*Ni les voiles au loin descendant vers Harfleur,*
*Et, quand j'arriverai, je mettrai sur ta tombe*
*Un bouquet de houx vert et de bruyère en fleur.*

Ce poème est devenu pour moi un véritable mantra que je me répète inlassablement tous les jours. À la veille du cinquième anniversaire de ton décès, je me propose de reprendre ma vie en main. Un jour à la fois, je le sais. Je me suis écrit quatre commandements que je tenterai de respecter malgré mes maladresses.

*Je promets de sourire au moins une fois quotidiennement.*
*Je promets d'exprimer un bref éclat de rire hebdomadairement.*
*Je promets de chantonner un court refrain mensuellement.*
*Je promets d'exécuter quelques pas de danse annuellement.*

Néanmoins, je suis conscient des rechutes qui me replongeront dans mon mal de vivre. Pour y remédier, je dois accepter désormais que mes nuits se changent graduellement en jours pour que mon triste cœur reconnaisse la vie. À chaque personne vivante, sa raison d'être : à chaque peine, son réconfort.

Tendrement, le temps guérit la peine. Doucement, la compassion d'autrui soulage la douleur. Subtilement, le deuil cède un peu de place à la paix. Après la froidure et la noirceur de l'hiver naît la douce lumière du printemps. Au-delà de la tristesse la plus profonde se pointe la cime de la suave consolation et de la promesse des retrouvailles dans l'autre monde.

Oui, demain, dès l'aube, j'irai fleurir ta tombe comme tu avais fleuri ma vie pendant tes trop courtes années auprès de moi. La mort nous a cruellement séparés l'un de l'autre. Un jour, je quitterai cette vie de larmes pour te retrouver dans la joie lumineuse. Mais pour l'instant présent, redonne-moi, je t'en prie, la vie ! Oh ! Redonne-moi, je t'en supplie, une vie puissante d'amour pour que je puisse réaliser « mon ici et maintenant » et jamais plus « mes hier et mes trop nombreux si j'avais… ».

Monique Michaud

# Rozalili

Les Parasols, c'est le paradis des campeurs ! Moi, Rozalili Dubé, j'ai neuf ans et je m'y connais. Durant les vacances d'été, nous campons six semaines avec Antonin, mon frère, et mon chien Gros-Bizou. Notre roulotte est installée sur la rue « Carotte sautée ». Nous sommes tout proches du dépanneur et du casse-croûte. Je marche à peine cinq minutes et là, mes amis, mon nez respire toutes ces fameuses odeurs de frites, de pogos et de hamburgers. Tout le monde se connaît aux Parasols et ce n'est jamais « full plate » – excusez, je veux dire « ennuyant ». Voyez-vous, mon père et ma mère étant profs, je dois surveiller mon langage.

J'ai plein d'amis et les journées s'écoulent aussi rapidement qu'une récréation à l'école. Chaque matin, on a rendez-vous au terrain de jeux et là, nous attendons nos g.a., nos gentils animateurs. Moi, je me balance tandis que mon amie Christelle-les-zézelles ramasse des fleurs sauvages. Nos g.a. organisent une multitude d'activités. La semaine dernière, c'était l'Halloween et maintenant c'est la Fête des couleurs. Aujourd'hui, chaque famille s'affaire à décorer son site. C'est sérieux, il y aura un prix pour le plus bel emplacement : un coupon de vingt dollars à dépenser au casse-croûte. Devant notre roulotte, j'ai suspendu cent cinquante papiers mouchoirs blancs qui s'agitent dans le bouleau. Après, j'installe des banderoles rouges et vertes. C'est très coloré. J'ajouterai cinq citrouilles dans le parterre. (Quoi, il faut bien récupérer les surplus de l'autre semaine !) Mon père va cacher des bougies à l'intérieur. Quand viendra le soir, leurs flammes vont danser à travers les trous, ce sera hyper « trippant » – oups !... Sensationnel.

— Qu'est-ce que ça veut dire, « sensationnel » ? demande mon frère Antonin.

— Ça veut dire « vraiment beau », répond aussitôt mon savant papa.

Tout est tellement amusant ici : il y a huit glissades d'eau, des cordes à Tarzan, un parc avec des balançoires. Sans oublier la cantine de Madame Saucisse. C'est un surnom, évidemment. Et les cornets de crème glacée trempée dans le chocolat, wow !

Saucisse donne aussi les bâtons et balles pour les parties de mini-putt. Certaines activités exigent de l'argent qui ne pousse pas dans les arbres, je le sais, ma mère me le rappelle sans cesse. Tantôt, Christelle est venue me chercher :

— Viens, Rozalili-guili-guili. Prends ta bicyclette, on va pédaler dans les rues du camping pour espionner les autres.

La famille Papineau-les-nonos, avec leurs fils Adam et Christophe a pas mal d'imagination. Tout leur décor est vert et noir. Il y a un épouvantail tout noir avec un chapeau pointu et un visage vert de vieille folle, bourré de pustules. Une grosse marmite est placée à l'entrée avec, dedans, une potion verdâtre vraiment dégoûtante.

— Yark !

Plus loin, sur la rue « Brocoli glacé », Cathy Gendron-Big-chaudron, notre ennemie jurée, termine la décoration d'un cercueil repeint en rouge. À l'intérieur, elle a couché un squelette recouvert d'araignées en plastique fluo jaune. Sa mère a acheté de la peinture en cannette. Elle s'occupe de teindre des têtes de mort en bleu.

— Comme d'habitude, chuchote Christelle, Big-Chaudron en fait plus que les autres.

En après-midi, on a rejoint nos g.a. à la plage, mais d'énormes nuages assombrissent le site. Malgré tout, l'ambiance est à la fête : les animateurs ont organisé un « party ». La musique endiablée joue à tue-tête. Et quoi d'autre, encore ? Ben, un plein coffre de déguisements et les g.a. vont nous maquiller. Moi, j'ai mon idée, je veux une tête de chanteur Kiss et beaucoup de sang coulant de ma bouche. Enfin, on va parader dans les rues. C'est « hot » !... Je veux dire génial.

Les g.a. visitent les emplacements décorés. C'est maintenant très sombre comme si le soleil dormait dans la couverture nuageuse. Je pense aux bougies de mes citrouilles qui vont pouvoir scintiller dans cette noirceur. Puis, manque de chance, une pluie forte s'abat. Mes mouchoirs blancs pendent dans mon bouleau, c'est tellement triste, et les bougies ne peuvent être allumées. Les-zézelles dit que j'ai l'air piteux avec mon visage qui dégouline. En fait, c'est plutôt que je vois s'envoler ma chance de gagner les fameux vingt dollars. Chez les Papineau-les-nonos, l'épouvantail est moche et Adam-Lacarie et Christophe-Letoffe ont la larme à l'œil. Au moins, je me dis que c'est juste parce que l'averse détrempe les décorations de tout le monde. Sauf que, chez les Gendron-Chaudron, la pluie donne une touche magique aux couleurs fluorescentes et c'est eux que les g.a. choisissent comme gagnants.

— Très réussi et l'atmosphère est totalement ludique.

— Ludique, ça veut dire quoi ?

— Antonin, ferme-la !

Le lendemain, déçue, je ronge mon frein. Je sors retrouver Gros-Bizou qui saura me consoler. Soudain, qu'est-ce que j'aperçois ? Mon cœur galope dans ma poitrine, je relis pour la troisième fois l'affiche devant la roulotte des Papineau.

*Hé, les jeunes ! Qui voudrait gagner des sous cet été ? J'ai besoin d'une gardienne les mardis et mercredis soir. Durée du contrat : trois semaines. Présentez-vous dimanche matin, je passerai des entrevues à tous les candidats.*

Voilà une autre chance de renflouer mon porte-monnaie ! Ni un ni deux, je m'assois à ma table à pique-nique et j'écris toutes mes idées sur une feuille. Antonin brûle d'enthousiasme.

— Tu vas amuser Adam et Christophe et amasser beaucoup d'argent et on pourra goûter à toutes les crèmes glacées de la cantine, clame Antonin.

J'ai rien répondu.

— Que vas-tu dire à Madame Papineau ? Depuis le début des vacances, tu ris de mes amis en les appelant les « ti-cacasques ».

— Voyons Antonin, dans un camping c'est la mode d'inventer des surnoms. Avoir un surnom, c'est une preuve de popularité. Tu sais bien que j'adoooooore tes deux copains ! Regarde, j'ai proposé des activités super originales, toutes des activités de gars…

— Des activités de gars ? dit mon frère, la bouche ouverte prête à gober dix mouches.

— Oui. Par exemple, s'inventer une mission secrète, préparer des costumes d'Indiens et déclarer la guerre aux cow-boys, monter un vaisseau avec des cartons.

— Waw !

Antonin est impressionné par mon imagination. Mes amis, il faut que ça marche.

Dimanche. Je guette qui viendra passer l'entrevue. D'abord, Béatrice Lapierre : quinze ans, trop maquillée et trop « fraîche » pour Lacarie et Letoffe. J'y vais à mon tour. Je sors ma voix emballée pour convaincre ma voisine qu'avec moi, ses deux fils ne s'ennuieront pas une seule minute. Madame Papineau sourit. À la fin, elle demande :

— Qu'est-ce que tu as prévu, pour calmer mes fils ? Il faut aussi des jeux relaxants sinon ils deviendront survoltés.

Je suis bouche bée, car, à mon avis, avec les gars il faut que ça bouge continuellement.

En sortant de la roulotte, je croise Cathy Gendron avec un immense cartable. Je gage qu'elle va proposer des jeux intellectuels, cela ne marchera jamais. Jamais. Rouler de la pâte à modeler ou bien écouter des contes de fées, ça fait bâiller les garçons.

Quand la Chaudron est sortie et la a serré la main de madame Papineau qui lui dit « À mardi soir ! », je comprends tout. Mon chien est mort. Mais non, pas Gros-Bizou, mais mes chances de gagner. Pourquoi c'est toujours elle, Vieux-Chaudron, qui gagne tout aux Parasols ?

J'ai traîné la savate tout l'avant-midi, Christelle est partie. Au casse-croûte, je me suis gâtée avec une barbotine « Goudron d'asphalte », ma saveur préférée. On dirait qu'aujourd'hui TOUT est « plate » au camping. Pas ennuyant, PLATE. Antonin-dents-de-lapin m'énerve. Les g.a. font du bricolage.

— Beurk !

La Saucisse m'a jasé un peu, elle se lamente des deux prochaines semaines qui seront celles des grandes vacances de juillet. Elle affirme qu'elle sera toujours débordée : les frites, les molles et le mini-putt en plus.

Ce soir, une voisine est venue veiller à notre feu de camp. Elle a pensé à quelque chose pour une fille bourrée d'énergie comme moi…

~

Les Parasols, c'est le paradis, je vous le reconfirme. Car, moi, Rozalili Dubé, je gagne enfin des sous. Je suis responsable du mini-putt, pour aider madame Sau… Hum !… Madame Drouin. C'est ma voisine qui m'a recommandée. Super « capotant » ! Excusez. Super fantastique, non ?

Ah, oui ! Il y a autre chose. J'ai tellement hâte à vendredi prochain. Vous ne devinerez jamais pourquoi. Nos g.a. vont organiser un super Noël des campeurs. Oui, un Noël en juillet ! Un imposant sapin décore déjà le casse-croûte et toute la journée les haut-parleurs jouent de la musique du temps des Fêtes. En plus, tous les enfants recevront un cadeau et le Père Noël viendra pour les tout-petits. Je vous le répète : aux Parasols, on ne s'ennuie jamais.

Enfin. Presque jamais.

# Voyage sur les ailes des mots

Ce qu'elle préfère, c'est voir loin. Ce qu'elle déteste, se sentir encerclée. Oui, toute sa vie durant, elle désirait voir loin tout en chantant les mots des poètes. Dans ses tournées à travers le Québec ou ailleurs, elle évitait les lieux clos. C'est ce qu'elle raconte à sa nièce de neuf ans. Sa pire expérience (à vie !) d'étouffement, elle l'a ressentie dans les fjords. Un après-midi d'été, elle parcourait la route vers Anse-Saint-Jean. Déjà, les côtes vertigineuses et les lacets qui entortillaient sa vieille caravane n'auguraient rien de bon. Ce tracé d'asphalte coupait, au couteau littéralement, une forêt d'épinettes extra super hautes (pour elle, les excès de superlatifs n'existent pas). Ces remparts, si densément verts et si monstrueusement rapprochés d'elle, avaient accéléré son rythme cardiaque. Arrivée au village, elle avait rejoint le quai qui donnait sur la rivière Saguenay, là où se tiendrait son minirécital. Quelle déception, la marina située dans ladite anse, semblait écrasée tant les montagnes restaient proches et omniprésentes aux alentours ! À la nuit tombante, ce fut pire pour elle qui devait exécuter sa prestation. L'obscurité envahissante, si dense, lui parlait de caverne, de gouffre et même du diable. Elle se rappelle que sa voix réverbérait dans cet écrin boréal.

— Qu'est-ce que tu avais chanté ? demanda la fillette, intriguée.

Pour se donner du courage et commencer sur une note rayonnante, sa tante avait entamé du Michel Fugain qu'elle fredonna aussitôt pour la jeune enfant :

*Bravo, monsieur le monde,*
*Chapeau, monsieur le monde,*
*Même quand les gens diront,*
*Que vous ne tournez pas toujours très rond.*

— C'est beau. Ça continue comment ?

Elle ferme les yeux, toute à l'émotion à rendre, et poursuit avec plus de force cette fois-là :

— *Bravo, pour vos montagnes, c'est beau, c'est formidable. Compliment pour vos saisons qui nous donnent des idées de chansons.*

La belle voyageuse ne se souvenait pas exactement du programme qu'elle avait offert ce soir-là, mais avoue que la foule des touristes et villageois avait semblé apprécier. Avec son compagnon, guitariste, elle avait certainement interprété une chanson de Clémence Desrochers, probablement « Cet été, je ferai un jardin », si appropriée aux longs jours d'été quand l'insouciance dicte nos vies.

Elle lève les yeux vers l'orée de la forêt, si verdoyante, qui tantôt l'a ramenée à ses angoisses des ombres.

Changement de ton. D'une voix enthousiaste, elle se prépare à énumérer tous les lieux de « vastitude » où elle a eu le privilège d'offrir ses interprétations. Pour sa nièce, mais plus encore pour elle-même, pour glorifier cette vie de bohème qu'elle et lui ont choisie. Ça commence par les hauteurs du village des Éboulements, sur le parvis de l'église. Elle chantait, bras ouverts, le panorama s'étendait si amplement loin jusqu'à l'Île-aux-Coudres qui gisait dans le Saint-Laurent. Une autre fois, sur les quais, à Percé, devant Le Rocher devenu rose dans le couchant. Ailleurs, beaucoup d'émotions en chantant « Je voudrais voir la mer » avec la Baie-des-Chaleurs en face d'elle, dans une localité au nom enchanteur : Maisonnette. À Mont-Tremblant, c'est à voix haute qu'elle récita quelques-uns de ses propres poèmes.

— Récite-moi un petit bout.

— Disons, « Vent de loup » ?

La petite fit signe que oui. Alors, sa tante toussota avant de prendre d'une voix claire et douce :

*Avant les lunes d'automne,*
*Buvons la fraîcheur des ruisseaux,*
*Profitons des douceurs.*
*Sous la tonnelle blanche,*
*L'hirondelle a bâti un nid de boue,*
*Ses oisillons criaillent.*

*Ravissement*
*T'embrassent mes yeux,*
*Moment suspendu aux corniches du temps.*
*Toutes nos promesses tenues*
*Dans ce tendre geste.*
*Au loin, l'angélus appelle une prière de silence,*
*Rentrons.*
*Dans le sentier vers notre bercail,*
*La noirceur galope autour;*
*Vite vite vite, prends ma main,*
*Instant d'effroi*
*Avant qu'arrivent les loups.*

Maintenant, la fillette la regarde intensément. Elle demande :

— Tu as vraiment peur des loups ?

— D'une certaine façon, oui.

Hélas, il arrive que ses craintes et fragilités se dévoilent au grand jour. Pour sa nièce, toutefois, elle préférera décrire la paix ressentie dans un minuscule sanctuaire près de La Pocatière. Sûrement accompagnée des anges émus, elle le jurerait, sa voix avait déclamé des textes de Pauline Julien et Marie Uguay. Puis les mots de Gerry Boulet qui racontaient « une nuit blanche passée sur les planches, à tenter la romance au Bal des Mal-aimés ». Surtout qu'elle n'oublie pas de relater les multiples occasions où ils ont performé sur la Promenade Dufferin ; chaque fois, enchantement de se réinventer à travers cette poésie des mots chantés. Merci à Moustaki tout en tendresse.

*Pendant que je dormais, pendant que je rêvais,*
*Les aiguilles ont tourné, il est trop tard ;*
*Mon enfance est si loin, il est déjà demain.*

Un soir, elle y avait lu des extraits de Félix Leclerc issus du *Hamac dans les voiles* qui avaient charmé les spectateurs.

Soudain, la voilà qui franchit ses propres sentiers de l'imaginaire, elle oublie sa nièce, elle n'est plus tout à fait là sur la chaise Adirondack. Elle chantonne ce refrain de Gilles Vigneault qu'elle affectionne particulièrement :

*Jamais les fleurs du temps d'aimer,*
*N'ont poussé dans un cœur fermé ;*
*La nuit, le jour, l'été, l'hiver,*
*Il faut dormir le cœur ouvert.*

Elle enchaîne encore avec son auteur-compositeur favori, elle y met toute son âme :

*Pendant que les bateaux font l'amour*
*Et la guerre avec l'eau qui les broie.*
*Pendant que les ruisseaux,*
*Dans les secrets des bois,*
*Deviennent des rivières.*
*Moi, moi, je t'aime.*
*Moi, moi, je t'aime.*
*Pendant qu'un soleil blanc,*
*Aux sables des déserts,*
*Dessine des margelles.*
*Moi, moi...*

Elle s'arrête et dit :

— C'est tellement beau et touchant, trouves-tu ?

Cette petite qui l'écoute saura-t-elle, plus tard, embrasser les grandioses paysages qui vivent dans les chansons ? Saura-t-elle devenir « prospecteur de beauté « ? Voudra-t-elle chercher, découvrir, aimer toute la magie des chansonniers ? Qui vivra verra.

Pour l'instant, quelques certitudes. La belle promeneuse assume ses choix de vie. Pour sûr, elle n'est pas riche d'argent, mais tout l'or du monde est lové entre elle et lui, son compagnon de route. Dans tous ces mots qui les entourent et les habitent se trouve le secret des cœurs rassérénés.

Qu'elle cause en noir ou en rose, que ce soit au bout de ses tourments ou de ses paradis, cette femme sait tout magnifier. Bénite soit-elle.

# Ma douce

Tu es partie, ma douce, et je deviens folle. Je te parle dans ma tête, ça gronde, ça pleure, ça bourdonne, ça se répète en me donnant l'illusion de te rejoindre où que tu sois. Où que tu sois, où que tu sois, mais saint-simonac, où es-tu ?

J'ai installé ta photo, celle de ton dernier anniversaire, bien en vue dans la cuisine. C'est à elle que je m'adresse. Je sais que là, tout de suite, j'ai ma voix « enragée » comme tu disais, mais ma toute douce, cette attente devient insupportable. J'ai relu cent fois ton court message sur le frigo m'avertissant de ta décision « bien réfléchie ». Foutaise ! Pour moi, c'est un coup de tête. Depuis quatre jours, je tourne en rond dans la maison. J'ai vérifié ta chambre. Une mère c'est *fouineux*, n'est-ce pas ? J'ai constaté que tu as pris ton énorme fourre-tout, celui des sorties avec « ta gang de filles ». Tu n'as apporté que ton pyjama, quelques chandails, je ne sais trop quoi d'autre. Ta montre-bracelet est restée sur ta table de chevet. C'est bien toi : qu'importe l'heure quand on a la vie devant soi.

Quand les policiers sont venus m'interroger, j'étais trop affolée pour me rappeler ton habillement avec précision. Pour ton signalement, j'ai dit : jean noir, ton chandail blanc avec des inscriptions bleues et ta veste noire. Le reste, un mètre combien ? Ton poids ? Fissure dans ma mémoire. Le policier m'a dévisagée… comme mère j'ai eu honte.

Sans toi ici, la maison est de givre, mes mains sont froides, mon cœur, glacé. Il manque tes éclats de voix, tes élans, tes baguettes en l'air même.

Même Princesse te cherche partout, elle jappe au moindre bruit de pas sur le palier à l'extérieur. Moi, je m'ennuie de tes beaux yeux noirs et brillants que j'aperçois sur la photo. Toi, ma belle enfant, mon seul et unique trésor, avec ton visage qui est si mignon. Je m'ennuie même de tes fameuses « babounes de boudeuse », tiens ! Ton absence rase les murs autour de moi et emplit mon ventre d'une bouillie d'incertitude et d'amertume. Où es-tu ma douce, où es-tu ma tendre enfant que j'aime plus que tout ?

À l'interrogatoire, ils m'ont demandé si tout avait été normal durant les dernières semaines. J'ai dit : « Il me semble que oui ».

— Pas de prises de bec ? Ce ne serait pas inhabituel avec une adolescente, soyez la plus franche possible, alors ?

— Il me semble que non.

Si je creuse encore ma mémoire, je ne me souviens pas de querelle entre nous qui aurait eu des proportions dramatiques. Mais avec ce nouveau projet au bureau, j'ai été moins présente ici. Saint-simonac, est-ce que j'en ai manqué un bout ? Le doute ronge mes chairs vives. T'ai-je assez comprise ? La liberté, la liberté, clamais-tu sans cesse du haut de tes quatorze ans. Il m'était difficile de te l'accorder sans limites. C'est cela, sans limites je ne pouvais pas. On m'a cent fois répété : « il faut les encadrer, savoir imposer des bornes ». Des bornes, des cadres, des lignes. Ce soir, je chancelle sur cette ligne de pensée.

Tu as fugué petit Sagittaire. Chaque matin, tu lisais ton horoscope dans le journal. Comme ce fougueux cheval, tu avais les pieds sur terre, mais la tête dans les nuages. Tes sabots piaffaient d'impatience, je crois. Mais, dis-moi, pourquoi partir sans s'expliquer avec moi ? Est-ce que je suis à ce point « pas parlable » ? J'essaie d'imaginer ta vie de fugueuse. Dans ma tête, c'est une parade de questions : qu'est-ce que tu fais durant la journée ? As-tu pu manger ? Avais-tu un peu d'argent ? Où dors-tu depuis quatre jours ? Cette nuit, on a connu la première gelée blanche. Il fait bien froid dehors. Et ta petite veste qui n'avait pas de doublure.

Un poste de commandement a été installé en face de la maison. Un va-et-vient continuel. J'ai fermé les rideaux : je ne veux parler à personne, sauf aux enquêteurs, bien sûr. Grand-maman est venue me tenir compagnie, j'entends ses pantoufles glissant discrètement sur le parquet de bois. Elle aussi a beaucoup de peine. Ta belle grand-maman d'amour, comme tu disais, tu y penses ? Est-ce que tu y penses, saint-simonac ?

J'ai reçu tantôt un coup de poignard au cœur : sur mon bahut, une autre photo de toi avec Princesse, notre chienne. Tu avais dix ans. C'était le bon temps, celui où nous étions très proches. Tu étais si heureuse, tout te réjouissait. Ton premier vélo, ta coupe de cheveux avec une mèche sur le côté, le bonheur sur ton visage lorsque tu recevais ton argent de poche. Et à un certain soir de Noël, tu avais « capoté » en déballant la fameuse douillette aux couleurs de l'arc-en-ciel, celle qui te faisait rêver dans le catalogue Sears. J'espère que je te l'ai assez dit que je t'aime. Je me souviens aussi du jour où Princesse est arrivée dans notre foyer. Tu m'avais assurée : « Maman, c'est le plus beau cadeau d'anniversaire de toute ma vie. » Sur le cliché, ton magnifique sourire qui éclate en bulle de vie me réconforte un peu. Si peu. Si peu longtemps, car des visions d'horreur m'emportent sur les récifs coupants d'une mer agitée. D'une mère agitée. Je vois des « flashs » atroces : du sang, tes cheveux arrachés, ta peau blafarde et nue dans une ruelle sordide. J'ai tellement peur, tellement. S'il fallait saint-simonac, s'il fallait que…

Depuis le soir où j'ai découvert ton message, je suis figée ici. Je guette le téléphone, obsédée. Reviens, ma douce, reviens ma fille. Je t'aime ma fille, je t'aime. Je t'en supplie, reviens chez nous. Ce sera une joie immense et une délivrance. J'entendrai ta voix claire, le cauchemar sera terminé. Tu m'exhorteras à « relaxer mes hormones », une autre expression à toi. Nous revivrons la parabole de l'enfant prodigue. Tu auras mon pardon absolu, je le jure, « juré crachat » comme tu disais quand tu étais toute petite.

Je rêve de t'ouvrir mes bras. De te presser très fort sur mon cœur. Je te bercerai longtemps, ma belle enfant, jusqu'à l'extinction de nos feux intérieurs, en appuyant ta boule chevelue sous mon menton, en la frottant du plat de ma main et en répétant inlassablement « chut, chut, chut ». Ce ne sera pas le temps des mots.

Je rêve pour m'extraire du présent, ma douce. Je suis morte d'inquiétude.

# Rituel en trois temps

*Septembre naissant aux verdures pâlies*

Dès qu'elle marcha dans le premier sentier, elle fut ravie par l'ombre apaisante déployée par le boisé contigu à la rivière. À cet endroit du parc des Dalles, les chutes restaient moins spectaculaires. Elle retrouva facilement l'emplacement où ils aimaient « faire la bohème » durant les chauds après-midis d'été. C'était autrefois, quand Elle-et-Lui existait encore, quand ils s'évadaient pour se cacher au bord de la rivière l'Assomption, qui prend sa source dans le nord de la région lanaudoise. Elle s'immobilisa net dans la mince clairière, au lieu exact de leurs farnientes. Elle pensa, émue, que c'était un lieu béni, à jamais marqué d'un x, imprimé dans l'herbe fraîche, comme celui des cartes au trésor. C'était une pensée d'amoureuse.

Elle s'assit. Les verdures pâlies de septembre lui racontaient la fin des beaux temps ensoleillés, car en ces temps où Elle-et-Lui roucoulait, la rivière leur chantait des ritournelles estivales au creux de ses mousses blanches. Elle observa les multiples rochers qui faisaient obstacle au flot régulier du cours d'eau. Ils le faisaient cabrioler dans des tutus de dentelle cristalline qu'ils ne se lassaient pas d'observer. Elle aima encore ce lieu qui toujours refléterait les splendides horizons de leurs amours. Oui, c'était décidé, c'est ici qu'elle accomplirait son rituel d'adieu.

~

Lorsqu'elle revint, à l'endroit désigné comme le plus propice pour son cérémonial, elle inspira, anxieuse, et ferma les yeux pour écouter les tourbillons de sa rivière tant aimée. Elle fut surprise par la fureur qui s'en dégageait. Assurément, les eaux étaient gonflées par les nombreuses averses automnales. Plus loin, ces crues saisonnières jaillissaient en rage sur les dalles, ces grandes plaques de roches toutes plates. Sans Elle-et-Lui, le paysage lui hurlait au visage, la magie des flots chantants semblait disparue. Elle porta son regard juste en face, vers la petite île – sertie de quelques épinettes – qui divisait la rivière en deux bras arqués qui se rejoignaient en avant de l'îlet. Elle pensa même, attendrie, que les deux bras s'enlaçaient tendrement. C'était une pensée d'amoureuse.

Elle s'assit, c'était l'heure. Les vents d'octobre se turent. Elle jeta un œil aux splendides couleurs des érables aux alentours en appréciant l'incommensurable beauté de cette nature qui se donnait sans relâche. Inlassablement, l'eau fracassait d'énergie. Une force inépuisable qu'elle décida d'aimer, un grondement capable d'éveiller en elle le courage. Celui qu'elle devait déployer pour son rituel d'adieu. Elle ouvrit son grand sac pour en sortir feuille et stylo. Puis, une enveloppe rouge ayant contenu une carte de Saint-Valentin. Dedans, elle plaça un bout de papier jauni, un petit carton qui avait accompagné les premières fleurs qu'il lui avait envoyées. « À toi qui as ensorcelé mon cœur », une dédicace qui l'avait beaucoup touchée à l'époque.

Le soleil la darda, elle eut rapidement chaud, mais peu importait. Elle pouvait commencer à écrire. Elle serra les dents pour éviter les larmes inutiles. Elle savait qu'il fallait plonger malgré la possible douleur. Elle chercha les mots justes et commença.

*Merci à la vie de t'avoir placé sur mon chemin. Merci à toi, pour ton amour passionné. Merci de m'avoir aimée telle que j'étais, si tourmentée et imparfaite.*

Elle leva les yeux vers la rivière qui courait bruyamment. Oui, un peu de tristesse monta en elle. Pourtant, il fallait poursuivre. Une fois pour toutes, elle devait accepter que cet Elle-et-Lui n'existe plus. Désormais, c'était Elle. Elle, toute seule, qui devait reprendre sa vie en main.

Elle fouilla son sac à la recherche de son vieux calepin de notes et chercha une citation qu'elle voulait inscrire :

*Pardonner, c'est aimer vraiment.*

Elle poursuivit.

*Tu m'as fait mal, mais je te pardonne de m'avoir quittée. Maintenant, je dois me détacher de toi. Je garde les beaux souvenirs et je m'investis dans ma nouvelle vie. Cette fois, je suis bien décidée. Je me libère de toi. J'ai si hâte de ressentir tangiblement cette liberté dans mon cœur et dans ma tête. Je me souhaite bonne chance. Je serai forte, j'ai confiance.*

Elle plaça le feuillet dans l'enveloppe. D'un geste brusque, elle mouilla son annulaire gauche et retira la bague de fiançailles qu'elle ajouta au précieux colis. Elle scella le tout et s'approcha de l'eau. Le moment se devait d'être solennel. Elle fixa le méandre bleuté qui gardait intacts ses airs irrévérencieux, elle lui sourit faiblement. Enfin, elle embrassa la précieuse enveloppe puis la jeta dans le courant. Aussitôt, l'enveloppe tourbillonna sur elle-même puis descendit une vaguelette et avança plus loin, rouge dans le bleu sombre. La rivière l'accueillait en la faisant valser, sautiller, lui promettant l'immensité des abysses de l'océan. L'enveloppe disparut rapidement de sa vue.

Sur ses épaules, elle sentit encore la chaleur réconfortante du soleil. Avant de quitter l'emplacement, elle huma, satisfaite, le parfum automnal des feuilles déchiquetées qui gisaient à ses pieds. Une confiance nouvelle, mais délicate, pareille à une minuscule pousse émergée du sol, s'attachait à chacun de ses pas.

~

*Novembre pluvieux, aux gris sombres envahissants*

De tout temps, les sentiers du parc devenaient très boueux en ce mois des morts. Elle s'en fichait. Elle marchait d'un pas décidé, pressée d'en finir. L'humidité matinale traversait son imperméable. Du bord des berges montaient des brumes froides qui blanchissaient le paysage et les gris sombres des arbres ne parlaient plus que de désolation. À une dénivellation de la rivière, les flots rugissaient dans un gouffre étroit ; l'écho amplifié donnait le vertige. La rivière, aussi impétueuse que méprisante, bravait et contournait tous les obstacles. Indéniablement, ce cours d'eau pouvait devenir un torrent, tellement fort et capable de tout. De tout.

Elle examina des cèdres accrochés aux flancs des rochers surplombant la rivière ; ils défiaient la raison tant ils penchaient. Elle pensa que certaines personnes ne savent pas s'accrocher à la vie. Ce n'était pas une pensée d'amoureuse.

Elle choisit une grande dalle qui s'avançait dans l'eau bouillonnante d'écume glacée. Elle ouvrit ses bras, c'était fini de réfléchir, le rituel avait été vain, elle se laissa choir sans hésitation, quasi avec empressement comme on se jette dans les bras d'un amant revenu sain et sauf de la guerre. Elle eut quelques secondes pour songer qu'elle allait enfin noyer tous ses sanglots. Elle se laissa emporter avec abandon. Plus loin, des remous sauvages l'avalèrent tout rond. Cheveux épars, elle se roula dans l'onde bleue, dans sa rivière chérie, sa complice de ses états d'âme. Sous les glaces hivernales, elle dormirait à jamais au fond de son lit de sable refroidi.

Myriam Wakil

# Dans les vagues

Bien assise sur la plage, Karina, du haut de ses seize ans, avait les yeux dans le lointain. Laissant la mélodie des vagues bercer ses sens, son esprit vagabondait dans les confins de l'imaginaire.

Elle était en vacances avec ses parents et sa sœur. Le teint basané, les yeux expressifs, l'adolescente était la rêveuse de la famille. Bien que sociable, elle aimait s'isoler pour explorer les autres dimensions du monde, celles que les autres ne voyaient pas.

Un mouvement brusque interrompit ses songes. Elle cligna des yeux pour revenir au monde réel et vit un objet brillant que la mer avait rejeté sur le sable. Très petit et très luisant, les rayons du soleil se plaisaient à rebondir dessus en de jolis traits multicolores. Les pupilles marron de la jeune fille tentèrent aussitôt de percer son mystère : être marin ou déchet ?

Karina exécuta un rapide tour de tête. Personne d'autre ne semblait avoir repéré sur le sable l'objet si intrigant. Elle se leva, tout doucement. Son instinct lui soufflait que la créature – qu'elle aurait juré avoir vu bouger – s'enfuirait sans demander son reste si ses gestes n'étaient pas fluides et harmonieux. Comme si elle avait été en grande observation au-dessus d'un crabe des sables, elle s'était accroupie en l'approchant tranquillement. Plus la distance s'amenuisait entre eux, plus les sons ambiants allaient en diminuant, tant et si bien que seule la mer semblait encore présente autour d'eux lorsqu'elle se trouva à côté. Hypnotisée,

Karina plaça ses mains en coupe et ramassa délicatement une énorme poignée de sable au centre de laquelle se tenait le petit être venu des grandes eaux.

— S'il te plaît, aide-moi !

La jeune fille entendit la voix flûtée, mais ne parvint pas à voir d'où elle pouvait provenir. Les gens sur la plage, qu'elle n'entendait guère, ne s'intéressaient pas à elle. Qui donc avait pu formuler ces mots ?

La prière se répéta.

Karina cherchait toujours lorsque ses yeux revinrent se poser sur ses mains. Le sable s'égrainait entre ses doigts pour s'envoler tranquillement tandis que le petit être se déployait en s'étirant jusqu'à toucher la paume de ses mains.

Un véritable tourbillon de lumière les emporta et Karina tomba sur le sol en laissant échapper son trésor.

— Mais qu'est-ce qui s'est passé ?

— Ne crains rien, c'est moi qui t'ai touchée.

Karina bondit en faisant demi-tour sur elle-même et se retrouva face à face avec l'être à la voix mélodieuse. Accroupie sur le sol, une créature étrange, svelte, aux oreilles pointues, à la peau transparente, oscillant entre le bleu et l'argenté, scintillait de lumière. Sur son dos, des protubérances, probablement des ailes ou des nageoires, se laissaient entrevoir. Ses mains et ses pieds étaient palmés comme ceux d'une grenouille et elle tenait sa tête légèrement penchée de côté.

— Non, ne crains rien, je ne te veux aucun mal… En fait, j'ai besoin de toi.

Karina écarquilla les yeux et recula d'un pas. Un court moment, elle se demanda s'il ne valait pas mieux prendre ses jambes à son cou et fuir, très loin. Mais son instinct et sa curiosité dictèrent une autre conduite.

— Tu… tu parles ma langue ? Qui es-tu ? Et où sommes-nous ?

Le paysage avait complètement changé. Bien sûr, il y avait encore du sable sous ses pieds, mais la perspective que son regard lui renvoyait n'était plus du tout la même.

— Je suis une elfe des eaux… des eaux salées, répondit la créature péniblement. Je crois que tu pourrais… m'appeler Marine. C'est un nom que j'ai déjà entendu… chez les humains. Il me sied, je pense… Je t'ai réduite… à ma taille. Je t'ai fait entrer… dans mon monde. Tu n'as pas changé d'endroit, simplement… de dimension. Quant à la langue, je te parle… à travers mon âme. C'est pourquoi… tu me comprends bien.

Karina déglutit en réprimant un frisson.

— Comme je te l'ai déjà dit, tu n'as rien… rien à craindre. C'est plutôt moi… qui devrais avoir peur. Ta force est dix fois supérieure… à la mienne. De plus, je suis… blessée. Ma résistance décline… rapidement.

L'elfe s'interrompit pour reprendre son souffle, mais se replia davantage sur elle-même. Touchée par sa souffrance, Karina reprit contenance : la créature avait besoin de son aide.

— Dis-moi ce que je dois faire et je t'aiderai. Jamais je n'ai laissé tomber quiconque, ce n'est pas aujourd'hui que ça va commencer. Ma mère me dit toujours que j'ai une vieille âme sage et que je ne peux pas m'empêcher d'aider tout le monde.

Un sourire furtif éclaira le visage de Marine, mais elle se crispa aussitôt. Sous l'intensité de la douleur, l'elfe s'était recroquevillée et Karina put entrevoir un dard planté dans son dos.

— Ne bouge pas, je crois que je serais capable de le retirer.

— NON !

L'adolescente sursauta.

— Non. Ne le retire pas. Tu me… tuerais. Le poisson avec qui… je jouais… m'a poussée. Je suis… tombée sur un autre. Son dard… a touché le centre… vital de mon corps. L'équivalent… de ton cœur.

Inquiète, la jeune fille attendit la suite.

— Tu dois… pousser le dard… à travers… mon corps. Ne crains pas… de me tuer. Le dard bloque… mon centre d'énergie. En le… poussant, tu vas permettre… au fluide… de circuler. Je pourrai… guérir.

— Mais, si au lieu de le pousser, je le retire, ça ne fera pas la même chose ?

Marine fit signe que non en invitant Karina à examiner l'objet meurtrier et l'adolescente se pencha au-dessus de lui.

Soudain, elle comprit. Le dard ressemblait à une aiguille de porc-épic, qui s'ouvre en parapluie, elle en avait déjà fait l'expérience. Quelques années auparavant, intrépide, elle s'était un peu trop approchée d'une maman porc-épic. Résultat ? Une visite à l'urgence pour faire retirer chirurgicalement les trois piquants plantés dans sa main dont elle avait d'ailleurs conservé la cicatrice.

Avalant sa salive pour se donner du courage, Karina s'adressa à Marine :

— Bon. Je vois exactement ce que tu attends de moi. Même si ça ne me plaît guère. Garde ton énergie pendant que je me prépare, d'accord ?

L'elfe des eaux ne put que hocher doucement la tête et elle s'étendit sur le côté. Karina retira le tee-shirt qu'elle portait par-dessus son maillot de bain. Elle le déchira en deux et s'en enveloppa les mains. Ainsi, elle ne se blesserait pas. Déterminée, elle s'approcha de Marine et agrippa le dard à deux mains.

— Attention ! Un… deux… trois !

Poussant de toutes ses forces, elle sentit le dard passer à travers le corps de l'elfe comme un couteau dans du beurre et manqua de tomber sur elle. Le cœur battant la chamade, elle s'exclama :

— Wow ! Ça va être plus facile que je pensais !

Marine ne répondit pas. En regardant son visage, Karina vit qu'elle s'était évanouie.

Déterminée à finir rapidement, l'adolescente agrippa le dard qui ressortait maintenant par le ventre et tira, doucement cette fois. Il sortit sans problème. Marine glissa alors sur le dos, toujours inconsciente.

Ne sachant quoi faire, la jeune fille s'interrogeait lorsqu'elle vit une lumière bleutée irradier la blessure.

*Ça doit être l'énergie vitale dont elle m'a parlé tout à l'heure,* pensa-t-elle.

Faute de pouvoir faire mieux ou davantage, elle prit sur elle d'attendre en s'installant confortablement sur le sable près de l'elfe endormie.

De longues heures s'écoulèrent et pourtant ni la faim, ni la soif ne vinrent tenailler Karina. De plus, le soleil conserva étrangement la même position dans le ciel. Vraiment intriguée, l'adolescente élaborait des théories lorsqu'un soupir la tira de ses rêveries.

— Merci. Vraiment, tu m'as sauvé la vie.

— De rien, Marine. Maintenant, dis-moi…

L'interrompant, l'elfe des eaux se leva précipitamment.

— Je dois partir. Le charme que je t'ai lancé sera rompu dès que j'aurai disparu dans l'eau.

— Quoi ? Et mes millions de questions alors !

En courant vers l'eau, Marine répondit :

— Un jour, tu me reverras. Je te le promets.

Elle avait presque de l'eau jusqu'à la taille lorsqu'elle se retourna :

— Une dernière chose. Tout ceci, ce que nous avons vécu, tu le percevras comme un rêve. Ne te laisse pas convaincre par les gens qui te diront que les rêves ne sont pas réels. Ils le sont ! Et nous nous reverrons, toi et moi.

Sans laisser le temps à Karina d'ajouter un mot, Marine plongea dans la Grande Bleue...

~

— Karina ! Karina ! T'es où, Karina ?

Cassandra, la petite sœur de Karina, lui sauta dans les bras.

Bien que plusieurs années les séparaient, une belle complicité unissait les sœurs. Embrassant sa cadette sur la joue, l'adolescente se leva. Elle avait l'esprit confus. Elle jeta un coup d'œil à la jeune fille qui accompagnait Cassandra et brusquement, elle écarquilla les yeux.

— Regarde, Karina ! Je me suis fait une nouvelle amie ! Elle s'appelle Marine !

# $\mathcal{D}$is-moi, grand-maman

Une brise légère, un soleil qui réchauffe le cœur et illumine le visage, une matinée parfaite… Ce matin, Mathilde est venue visiter grand-maman.

Déjà un an que la petite venait chaque samedi matin tenir compagnie à son aïeule. Déjà un an. Un an que les souvenirs de la vieille dame essayaient de s'accrocher dans sa tête, mais ne faisaient que s'envoler. Lentement, mais sûrement. Mathilde était là pour aider la mémoire de grand-maman Marie. Lorsque le docteur leur avait annoncé la terrible nouvelle, il les avait aussi encouragés :

— Essayez de lui faire revivre ses souvenirs, sa mémoire. Ainsi, la maladie progressera moins vite.

Depuis, toute la famille se relayait pour faire resurgir les événements passés de la vie mouvementée de Marie. En ce début de week-end, c'était au tour de la plus âgée de ses petits-enfants, Mathilde. Parfois, la lucidité traversait les yeux de cette dame et c'est pour ces moments privilégiés que Mathilde continuait de venir, semaine après semaine.

— Dis-moi, grand-maman, pourrais-tu me raconter comment tu as connu grand-papa ?

— Qui est un grand-papa ? Je ne connais pas de personne ayant assez vécu pour être grand-père ! Et pourquoi tu m'appelles *grand-maman* ?

— Voyons, grand-maman, ton mari, Léo.

— Léo ? Léo ? Ah oui ! Le gringalet qui tourne autour de moi depuis des semaines. Quand est-ce qu'il va se décider à venir me parler. C'est que je pourrais changer d'avis, moi !

Et grand-maman de pouffer de rire, comme une adolescente en pleine confession avec sa meilleure amie.

— Quand il va finalement venir me parler, je crois que je vais faire semblant de l'ignorer, qu'est-ce que tu en penses ? poursuivit Marie en regardant Mathilde. Qui es-tu ?

Les yeux pleins d'eau, la petite feignit de ne pas entendre la question et l'encouragea à continuer :

— Tu l'as marié, ton beau Léo, tu te souviens ? Même que tu as eu quatre enfants avec lui.

— Hum !… C'est vrai, on s'est marié un… samedi, je crois. En septembre. Mon Dieu, la pluie qu'il y avait ! Ma mère ne cessait de me répéter que ça porte chance dans un mariage. Je crois qu'elle voulait simplement me rassurer. Mais oui, j'ai eu un beau mariage… et une belle vie. Et surtout, de beaux enfants qui m'ont donné de magnifiques petits-enfants. N'est-ce pas, Mathilde ?

— Oui, grand-maman… Si tu savais comme je t'aime !

— Je vois à tes yeux pleins de brume que ma tête m'a encore lâchée… Attends, laisse-moi parler avant que j'oublie encore…

Et Mathilde attendit, en observant le paysage. Le vert de la nature avait le don de la rassurer, de la calmer. Les gazouillis des oiseaux, le vent dans les feuilles, tout autour d'elle se mettait en œuvre pour la réconforter et lui donner de la force et du courage. Voyant que la vieille dame n'enchaînait pas, la petite lui jeta un coup d'œil. En notant son absence, elle reprit ses questions :

— Dis-moi, grand-maman, peux-tu me raconter l'histoire du gâteau à la lessive de maman ?

Un sourire furtif éclaira le visage de Marie.

— Ta maman n'a jamais été une cuisinière extraordinaire. Elle fait de bons plats, mais il ne faut pas qu'elle déroge à ses habitudes. Ce jour-là, oh !, elle devait avoir seize ou dix-sept ans… Dans ce temps-là, ma lessiveuse était dans la cuisine. Et la poudre à lessiver était rangée dans l'armoire sous l'évier. Je ne sais plus pourquoi, mais Denise, au lieu de prendre la farine, elle a pris la poudre à lessiver ! Attends… oui… je crois qu'elle avait un énorme rhume qui l'empêchait de respirer et elle n'a pas senti le parfum du savon. L'odeur qui émanait du four ! Léo a catégoriquement refusé d'en manger. J'en ai pris une bouchée pour faire plaisir à ma grande, mais j'ai dû recracher. Oh, que c'était mauvais !

Sourire en coin, Mathilde continuait à fixer le lointain. Comme elle aimait ces périodes de souvenirs ! C'est ainsi qu'elle désirait se représenter sa grand-mère : un coin aux confidences, une complicité, des sourires et parfois quelques larmes.

Perdue dans ses pensées, la gamine ne se rendit pas tout de suite compte du silence qui les envahissait. Soudainement étonnée, elle regarda du côté de la vieille dame : celle-ci l'observait si attentivement que Mathilde se sentit gênée.

— Est-ce que ça va, grand-maman ?

Marie avait pris un air profondément sérieux. Son regard semblait maintenant transcender un rappel aux multiples facettes, une sorte de synthèse qui demandait à s'exprimer.

— Tu sais, ma belle, la vie m'a offert bien des cadeaux. Certains étaient fabuleux, d'autres bien ordinaires et j'en ai aussi eu des empoisonnés ! Cette maladie qui gruge ma mémoire, ce que je suis… c'en est un qui est empoisonné. Mais chaque médaille a deux côtés. Et le bon côté, dans tout ça, c'est toi. Tout le temps qu'on passe ensemble, même si ma petite tête l'oublie parfois.

— Grand-maman, moi aussi, j'aime tellement être avec toi ! J'aimerais parfois…

— Tut tut tut ! Non. Ne dis pas que tu aimerais changer quelque chose. La vie est ainsi faite : on doit la prendre comme elle vient. Et ce que je voulais te dire… c'est que… quoiqu'il arrive, même dans les plus grands malheurs de ce monde, toujours, il y a quelque chose de bon qui en sort.

— Grand-maman…

Marie ne dit rien. Elle prit Mathilde dans ses bras pour la réconforter. La caresse ne dura pas bien longtemps : qui donc était cette petite fille dans ses bras ? Bien qu'elle ressemblait beaucoup à sa propre fille – qui avait à peine quinze ans – la dame ne la connaissait pas.

Sans se décourager, Mathilde inspira un grand coup et continua la conversation :

— Dis-moi, grand-maman, est-ce que tu es allée voter lorsque les femmes en ont obtenu le droit ?

Elle avait lu un article dans son cours d'histoire et voulait savoir comment son aïeule avait réagi à cette époque.

— Hum !… Le droit de vote… Est-ce que j'ai été voter ? Hum !… Je crois… je crois que oui. Mais, je n'en suis pas certaine. Je dois dire que je quittais la pièce dès que mon beau Léo discutait politique avec les autres hommes. Hum !... Oui, j'ai dû aller voter mais probablement que Léo m'a conseillée.

Mathilde essaya de réorienter la discussion, mais l'échange se termina avec l'arrivée de Denise qui venait chercher sa fille. Mathilde suivit sa mère pendant que sa tante et sa cousine s'installaient à leur tour.

~

Marie s'est éteinte quelques semaines plus tard. Fidèle à son habitude, la petite fille l'a visitée chaque semaine. Au fond de son âme et de son cœur, Mathilde chérit les moments avec grand-maman : ce n'était pas des moments perdus car tant que les souvenirs vivront, Marie vivra aussi.

# Regards

*Un regard, un coup d'œil, une attention...*
*Dans ses yeux défilaient toutes les émotions.*

Chloé était en retard. Comme d'habitude. Dans son minuscule appartement du centre-ville, elle planta des dents féroces dans la pomme qui constituait son dîner, fourra sous son bras les papiers à apporter pour son rendez-vous et se mit à sautiller vers la porte en tentant de mettre un bas. Quelle idée aussi de prendre un rendez-vous si tôt dans l'après-midi alors qu'elle savait bien que ses cours se terminaient tout juste pour le dîner ! Mais l'occasion qui se présentait à elle était trop belle pour être manquée. L'université lui offrait un travail, avec son professeur. Rentrée chez elle en coup de vent pour changer de vêtements, elle tentait désespérément de défier le temps en allant plus vite que lui.

Alors que toutes ces actions se déroulaient simultanément, la sonnette tinta. Chloé ouvrit grands les yeux, étonnée. Un éclair d'intrigue étincela dans le fond de ses prunelles. Elle n'attendait personne. Et de plus, ce n'était vraiment pas le moment.

Cette seconde d'inattention fut la cause d'une réelle catastrophe. D'un équilibre déjà précaire, elle le perdit complètement. Ses tentatives pour se reprendre ne firent aucune différence, elle échappa sa pomme et le travail qu'elle devait présenter au professeur s'éparpilla tandis que les feuilles voletaient au gré de la brise que la fenêtre laissait entrer. Maintenant couleur de nuit, les yeux de Chloé lançaient des éclairs de fureur contre l'importun qui actionnait encore la sonnette.

— Oui ? lança durement la jeune femme.

— Madame Chloé Pierre ? Un paquet pour vous. Désirez-vous que je le laisse en bas, à la porte ?

— Non, je descends dans un instant. Attendez-moi, s'il vous plaît.

En deux temps, trois mouvements, Chloé rassembla ses feuilles, sa pomme et enfila son bas. Elle descendit les marches deux par deux et arriva à bout de souffle à la porte de l'immeuble qu'elle habitait. Derrière la porte aux carreaux givrés de l'entrée principale, elle devina la silhouette masculine portant la boîte, plutôt moyenne, qui lui était destinée.

*Ses yeux sont les portes de son âme...*
*Ils ouvrent l'esprit aux beautés du monde.*

Elle ouvrit et se retrouva nez à nez avec le commis de la compagnie de transport. Surpris, il demanda :

— Madame Pierre ?...

— Oui.

— Veuillez signer le formulaire à cet endroit, s'il vous plaît.

Chloé obtempéra et prit le paquet. Elle le soupesa et le trouva bien léger pour sa taille.

— Si j'étais vous, je vérifierais avec l'expéditeur ce qu'il vous a envoyé parce que de drôles de bruits s'en échappent.

Craintive, Chloé le regarda :

— Quelles sortes de bruits ?

— Je ne sais pas comment vous décrire ça... Pendant que je vous attendais, j'ai cru entendre une clochette, disons... hum !... que ça ressemblait comme dans les films d'enfants. Vous voyez ?

— Comme un film d'enfants ?

Chloé examina attentivement l'adresse de l'expéditeur et un sourire éclaira son visage.

*Un scintillement, un éclat, une étincelle...*
*Dans ses yeux miroitent des promesses si belles.*

En voyant son expression, le livreur se hasarda à la questionner :

— Euh, vous ne l'ouvrez pas ?

— Pourquoi les gens gâchent-ils leur surprise en ouvrant trop précipitamment leur cadeau ? Non. Je ne crois pas que je vais l'ouvrir maintenant ! Je dois d'abord tenter de savoir ce que c'est ! Hum !... Si vous voulez, vous pourriez repasser la semaine prochaine, je vous montrerai ce que ma mère m'a envoyé, d'accord ?

Le jeune homme hésita en se dandinant sur un pied et sur l'autre. Il venait régulièrement porter des paquets dans l'immeuble où Chloé habitait. Il l'avait remarquée et essayait depuis longtemps d'attirer son attention. Jusqu'à présent, ses efforts n'avaient pas porté fruit, la jeune fille ne semblait pas le voir. Cette occasion se représenterait-elle ? Une lueur d'envie flotta dans ses prunelles.

— D'accord ! Je reviendrai dans une semaine. En passant, moi, c'est Éric.

Il lui tendait la main.

Elle y enfonça la sienne.

— Salut Éric. Mais là, je dois vraiment y aller. Sinon, c'est ma future carrière qui va en prendre un coup. À bientôt !

Et Chloé de sortir en coup de vent, laissant Éric pantois devant l'énergie qu'elle dégageait.


*Ses yeux sont l'entrée de son cœur...*
*Ils lui montrent l'amour des gens et des arts.*

Wow ! Extra ! Super ! Cooooooooooool ! Il lui avait parlé ! Et elle connaissait maintenant son nom ! Depuis le temps qu'elle rêvait de faire sa connaissance !

L'humeur de Chloé avait atteint son zénith. Plusieurs fois, elle aurait voulu avoir le courage de lui adresser la parole et plusieurs fois, elle avait échoué. Elle s'était alors contentée de le regarder, chaque fois qu'elle le pouvait. Avec le petit coup de pouce de sa mère, à qui elle s'était confiée le week-end d'avant, maintenant il lui semblait que ses yeux charmeurs avaient pu faire le reste du travail. À cette pensée, elle soupira tout son contentement.

Sur le chemin de l'université, même si elle s'y rendait avec diligence, Chloé remarqua combien le monde était beau. Une jeune fille, de quinze ou seize ans à peine, offrait son aide à un vieil homme pour traverser la rue. Un arbre majestueux, probablement centenaire, se préparait pour la saison hivernale en se colorant de tons cuivrés. Deux amoureux dans l'abribus, tendrement enlacés, se murmuraient en riant des mots doux à l'oreille. Un peu plus loin, une maman promenait son enfant en poussette en lui racontant une histoire et le bambin, charmé, gazouillait joyeusement. Oui, vraiment. Le monde, tel qu'elle le voyait en ce moment, était beau. Ses yeux lui renvoyaient une réalité toujours bien présente, mais trop souvent occultée par les préoccupations quotidiennes. Lorsqu'elle arriva à son rendez-vous, Chloé flottait littéralement au-dessus du sol.

Sa rencontre avec son professeur se termina positivement. Elle avait obtenu le poste d'assistante de recherche. La jeune fille jubilait. Le vieil homme tenta « de la faire redescendre sur Terre », mais peine perdue.

— Si vous désirez que je sois efficace, Monsieur Armand, je vous en prie, laissez-moi regarder le monde à ma façon.

— Oui, bien sûr, je comprends… Mais je ne veux pas que le retour à la réalité soit trop pénible.

— Ne vous inquiétez pas, mes yeux se chargent eux-mêmes de me faire voir ce que vous appelez « la dure réalité ». Après tout, ce n'est qu'une question de perspective, n'est-ce pas ?

Souriant, le professeur avait acquiescé.

Chloé avait passé la soirée à se préparer pour son nouveau poste ainsi que ses cours, qui continuaient eux aussi. Et la semaine passa de cette manière. Elle était si occupée qu'elle ne vit pas le temps filer.

Le paquet de sa mère reposait sur une chaise, à côté de la porte d'entrée. Chaque fois qu'elle passait devant, qu'elle entrait ou sortait de l'appartement, son regard se fixait dessus quelques instants. Mais patiente, Chloé attendait.

*Coquin, espiègle, rieur…*
*Dans ses yeux brille toute son humeur.*

Huit jours. Cela faisait huit jours qu'Éric, le beau livreur, était venu sonner à sa porte. Huit jours… Un de trop, au gré de Chloé. D'heure en heure, ses yeux, pourtant si brillants la veille, s'assombrissaient de chagrin.

La journée de travail pour la compagnie de transport était maintenant terminée.

*Il ne viendra pas. Finalement, peut-être que la ruse n'avait pas fonctionné. Peut-être n'était-il pas intéressé. Peut-être me trouve-t-il trop exubérante. Peut-être...*

Son esprit se noyait dans l'incertitude. Ses prunelles, si expressives, affichaient les montagnes russes où jouaient ses émotions en embrumant et son cœur et son esprit.

Dans son minuscule appartement du centre-ville, Chloé, maussade, planta des dents féroces dans la pomme qu'elle avait prise pour collation, fourra son livre sous son bras et se mit à sautiller vers la cuisine en tentant de mettre un bas.

Le carillon de la porte d'entrée sonna.

D'un équilibre déjà précaire, elle le perdit complètement. Ses tentatives pour se reprendre ne firent aucune différence, elle échappa et son livre et sa pomme. Étonnée, elle tomba sur son derrière ; quel drôle de déjà vu !

Nerveuse, elle avala la bouchée qui était restée dans sa bouche et se précipita vers l'interphone.

— Oui ? fit-elle, la voix légèrement tremblante.

— Madame Pierre ?

Silence. La jeune fille était sous le choc.

— Chloé ?

— Oui, c'est moi...

— C'est Éric...

Elle jeta un coup d'œil rapide autour d'elle. Oui, l'appartement était présentable.

— Montez !

D'une main tremblante, elle ramassa vite le livre et la pomme, puis inspira longuement pour se calmer.

On cogna à la porte. Elle ouvrit. Un bouquet de fleurs s'offrit. Un sourire... Et une si belle perspective pour l'avenir.

Qui aurait su dire qu'une clochette attachée à l'intérieur d'une boîte vide pouvait engendrer de si belles conséquences.

Tout vient à point à qui sait attendre.

# Perdue

Tous les matins de l'été, trois filles se rendaient sur la place. Personne ne savait qui elles étaient, ni pourquoi elles y venaient. Elles s'y installaient dès l'aurore, et ensemble, elles attaquaient leur premier morceau. Les pièces s'enchaînaient ensuite sans interruption. Jamais elles ne parlaient et si les passants leur adressaient la parole, elles se contentaient de sourire. Commerçants, résidants et visiteurs appréciaient cette présence musicale qui ne s'éteignait qu'au crépuscule. Mais les musiciennes intriguaient…

~

Sur le porche de la maison de sa grand-mère, Josy profitait simplement du moment. Tant de bouleversements avaient surgi dans sa vie depuis son départ, trois ans plus tôt. À quatorze ans, elle avait été la véritable incarnation de la rébellion, mais elle avait réussi à canaliser ce débordement en un talent certain pour la musique. Autant elle avait pu faire enrager ses parents, autant elle se retrouvait en jouant. Deux chocs avaient été la cause de ce soudain revirement émotionnel. Tout d'abord transférés à Montréal, ses parents avaient organisé le déménagement sans lui demander son avis. Peu de temps après, elle avait découvert un vieux document : son extrait de naissance avec la mention « parents inconnus ». Elle s'aida avec des conférences et des consultations avec la psychologue de l'école, sans oublier sa musique, son réconfort. Maintenant âgée de dix-sept ans, assagie, Josy s'était faite à l'idée.

Mais le besoin de rentrer était trop fort. Après maintes discussions, elle avait gagné le droit de passer les vacances chez sa grand-mère. La tâche avait été drôlement ardue, elle avait même dû faire la promesse formelle de revenir en septembre. Ses parents avaient tellement insisté que c'en était à n'y rien comprendre. Quoi qu'il en soit, elle était partie et les premiers jours dans son « vieux » quartier avaient filé à la vitesse de l'éclair. Ce matin, elle avait envie de se ressourcer, seule, et de faire le point.

Ses pas la conduisirent sur la Grand-Place où elle s'installa à la terrasse d'un café. Aussitôt gagnée par la douceur de la mélodie qu'interprétait un trio de jeunes filles, elle se laissa bientôt bercer à en oublier tout ce qui l'entourait… jusqu'à ce que le crépuscule vienne la surprendre.

*Grand-mère va être furieuse !*

Josy rentra à toute vitesse. Étrangement, sa grand-mère était restée calme en apprenant ce qu'elle avait fait. Son expression avait toutefois curieusement changé lorsqu'elle avait expliqué l'intérêt et la fascination qu'elle avait portés à la musique des trois jeunes filles sur la place. Sa grand-mère avait alors tenté de lui dire quelque chose, mais Josy s'était retirée dans sa chambre où elle s'est enfermée. Un profond sentiment triturait son cœur, celui d'un tournant décisif que tentait de prendre sa vie.

Les jours qui suivirent, Josy s'était installée au café pour les écouter. Sans parler, elle laissait la musique graver un message sur son âme. Le vendredi, elle n'y tint plus.

— Bonjour !

Les jeunes filles sourirent, sans cesser de jouer.

— Je voulais simplement vous dire que j'aime vraiment beaucoup votre musique…

Aucune parole ne franchit les lèvres souriantes. Et toujours, la musique résonnait, claire et vibrante.

— En fait, elle me parle… Mais enfin. Merci d'être là, ça ensoleille vraiment le quartier.

Elle les salua en virant les talons.

Les musiciennes se consultèrent d'un regard rapide. Fait inusité, l'une d'elles s'interrompit pour la rattraper.

— Tu sais, nous t'attendions. Depuis trois ans, nous t'avons appelée…

Mais nous ne savions pas si tu étais toujours des nôtres… ma sœur !

Josy était sans voix. On l'avait appelée ? Elle avait des sœurs ?

Son cœur battait la chamade. Elle était prise de vertige.

— Excusez-moi… Je ne comprends pas… Nous sommes sœurs ?...

La jeune fille rit doucement.

— Laisse-nous finir notre journée et reviens ce soir. Notre mère te parlera.

Josy dut profondément inspirer pour remettre ses émotions en place.

— D'accord. Mais je dois prévenir ma grand-mère. Je ne veux pas l'inquiéter.

— Bien. Nous t'attendrons.

Et la violoniste retourna auprès de ses sœurs.

~

— Grand-mère ?

— Oui, qui y a-t-il ? répondit l'aïeule, alertée par le ton de voix de sa petite-fille.

— Grand-mère, tu ne vas pas te fâcher si je te parle franchement ?

— Tu sais que je préfère la vérité aux mensonges, aussi difficile qu'elle puisse être. Alors, dis-moi.

— Eh bien… Je crois que j'ai retrouvé ma famille biologique.

— Oui, je m'en doutais. C'est pour cela que tu es revenue… Ton père craignait tant ce jour qu'il a demandé sa mutation à Montréal…

— Sa mutation ?... Mais je croyais que ce déménagement lui avait été imposé !... Grand-mère, je t'en conjure, dis-moi tout… Je me sens si perdue !

La grand-mère se laissa choir dans un fauteuil.

— Tu as été trouvée sur l'autel de l'église, endormie, emmitouflée dans des couvertures. Tu devais avoir un peu plus d'un an. Une note t'accompagnait : *Nous l'aimons trop pour la voir souffrir. S'il vous plaît, prenez soin d'elle, nous reviendrons la chercher lorsqu'elle sera en âge de comprendre. La musique est sa raison.* Tes parents adoptifs t'aimaient trop pour te perdre. Dès les premiers signes de la puberté, ils ont quitté la région en espérant pouvoir empêcher que ça se produise. Mais tu es revenue.

Josy était sous le choc. Il lui fallait maintenant connaître toute la vérité, prendre ses propres décisions et jouer le reste de sa vie.

— Grand-mère, je vais les retrouver ce soir. Mais je te promets de revenir... Me crois-tu ?

— Oui, ma grande. Il est temps pour toi de découvrir tes racines... Mais n'oublie jamais combien nous t'aimons.

~

Josy retrouva les musiciennes au moment où elles pliaient bagage. Elles marchèrent longtemps, dans des endroits inconnus. Josy ne savait pas où elle était. Et elles marchèrent ainsi jusqu'à l'orée d'un bois où les jeunes filles s'arrêtèrent.

— Tu es maintenant dans notre monde. Celui de la musique et de la nature. Ici, rien n'est pareil à ce que tu as connu. Entre avec nous voir notre mère.

Les musiciennes entrèrent, une à une, à l'intérieur du plus gros arbre et Josy les suivit.

Une sensation de chaleur réconfortante l'envahit, puis elle pénétra une autre clairière, pareille et complètement différente à la fois. Plusieurs jeunes filles entouraient une femme. Josy reconnut les traits physiques qui rappelaient les siens. Sa mère.

Les jeunes filles s'écartèrent pour la laisser passer. Émue, Josy s'approcha.

— Ma petite, fit la dame en la serrant sur son cœur.

Josy était incapable de parler.

— Je suis Mélodie. Tu es ma fille. Et voici tes sœurs...

La dame montra d'une main chaleureuse les jeunes filles qui se tenaient autour d'elle.

— Nous sommes les muses de la musique. Inspirer l'être humain est notre travail. C'est ce qui explique ton talent... Depuis toujours, les muses de la nature nous permettent d'habiter ces bois, leur monde. Une condition toutefois s'impose : nul ne peut revenir dans ces bois s'il en est sorti avant l'âge de raison. Le va-et-vient d'enfants pourrait attirer l'attention...

Josy écarquilla les yeux.

— Je crois maintenant que tu as compris. Oui, tu n'avais qu'un an lorsque tu as échappé à ma surveillance. C'est avec beaucoup de tristesse que j'ai dû t'endormir et te plonger dans l'oubli. Comme nous ne pouvons rester trop longtemps à l'extérieur, car nous y perdons une partie de nos pouvoirs, deux de tes sœurs t'ont ensuite portée à l'église. Elles t'ont veillée jusqu'à ce qu'une bonne âme te prenne en charge. Nous t'avons suivie avec l'intuition qui nous unit, mais nous t'avons perdue lorsque tu es partie.

— Il y a trois ans, dit Josy, le cœur serré.

— Oui. C'est pourquoi tes sœurs t'ont appelée, chaque été, jour après jour…

— Avec notre musique, termina Josy, les yeux embués par les larmes.

— Avant que tu ne deviennes trop humaine pour ne plus la comprendre.

La dame soupira.

— Aujourd'hui, peu importe ce que tu décideras. Nous t'appuierons.

Josy était complètement bouleversée. Elle avait une famille qui l'aimait. Elle n'avait pas été abandonnée.

Mais elle en avait une autre. Ses parents adoptifs, sa grand-mère et ses amis qui l'aimaient tout autant.

Son cœur était déchiré.

— J'ai tant à apprendre, mais j'ai promis à Grand-mère de rentrer.

La dame sourit.

— La mère des muses de la nature peut arrêter le temps à l'intérieur de ses bois. Ainsi, tu pourras rester aussi longtemps que tu veux.

~

Josy passa plusieurs semaines à échanger avec ses sœurs et sa mère. Elle s'adaptait avec aisance. Mais plus elle s'attachait à son monde, plus son dilemme la tourmentait. Son autre vie aussi lui manquait.

Sa mère comprit son désarroi.

— Ma fille, ta souffrance est devenue mienne. Prends cette perle et porte-la à ton cou. Elle nous liera par la pensée. Rentre chez les tiens. Nous serons toujours là, à ton retour.

Mélodie posa la main sur les yeux de Josy qui fut aussitôt plongée dans un profond sommeil. Lorsqu'elle ouvrit les yeux, elle était assise à la terrasse du café. Le soleil était haut dans le ciel. À son cou, elle portait une perle.

Et sur la Grand-Place, les trois musiciennes lui sourirent tendrement.

Nicolas Vidril

# La jeune fille et la mort

Au milieu de la pénombre, Victor entendit un bruit sourd, comme si une masse était tombée sur le sol. Pris de panique, le musicien chercha son éternelle adorée et la trouva étendue sur un lit de feuilles mortes. La pâle lueur des étoiles teintait maladivement son front. L'agonie se lisait dans ses yeux.

Le vieillard haletant la tira jusqu'au cheval qui attendait patiemment. Pendant la tragique chevauchée, une ombre difforme plana au-dessus de la lune. Cette étrange présence, Victor la sentit aussi dans le bruissement des branches et le son des sabots martelant le sol. Le vieil homme galopait à toute allure à travers les champs noyés dans le crépuscule automnal. Serrée contre lui, il tenait la silhouette floue et apparemment sans vie en regardant les nuages obscurs qui semblaient épier leur funeste procession…

~

Victor veillait aux côtés de Térésa en lui assurant tous ses besoins. Le docteur l'avait prévenu du violent choc qu'elle avait subi. Elle semblait ne plus se souvenir qui elle était. Après quarante ans de vie commune, il s'était préparé à l'épreuve. Lorsqu'elle ouvrit les yeux, son visage était paré d'une délicieuse candeur. Son corps ridé et frêle transcendait l'innocence d'une enfant de cinq ans. Le vieil homme s'imaginait la main géante de la mort exhibant sa bien-aimée une dernière fois avant de l'emporter.

— Qui êtes-vous ? demanda-t-elle.

— Je suis ton mari, répondit-il avec émoi. Tu ne te rappelles donc de rien ?

— Non… Racontez-moi notre histoire, je veux tout savoir.

— Mon dieu, cela fait si longtemps… Tu avais, je crois, vingt ou vingt-deux ans à l'époque. J'étais resté après la classe de contrepoint pour te voir pleurer. Tu te croyais seule, ton copain venait de te laisser. Tu avais les cheveux blonds, attachés en chignon et tu portais des perles aux oreilles. Ta peine semblait si profonde que je ne pouvais m'arrêter de te dévisager. Il y avait quelque chose d'infiniment beau dans ton chagrin, peut-être était-ce le revers de la passion ou bien tout simplement l'innocence du printemps…

Victor soupira.

— Puis tu es partie et je t'ai suivie. Tu dois certainement te souvenir de notre première rencontre.

Térésa fronça les sourcils.

— Non, pas du tout.

— Allons, fais encore un effort. Tout ne peut pas s'effacer comme ça…

Térésa fouilla encore dans sa mémoire.

— Désolée, je ne m'en souviens pas. Mais c'est une belle histoire. J'ai étudié la musique ?

— Et comment ! Nous avons même fait carrière. Séparément, mais nous avons été célèbres pour nos rôles de violonistes dans le quartet Brandebourg. Nous avons joué le quatuor de Schubert, *La jeune fille et la mort*, dans toutes les grandes citadelles de la musique. Je t'ai séduite jeune fille et je t'ai accompagnée jusqu'à la mort…

— Je ne me souviens de rien. J'ai d'ailleurs l'impression que vous me décrivez la vie de quelqu'un d'autre… Pauvre vous !

— Nous avons eu deux magnifiques enfants, Étienne et Estelle. Notre fille est enceinte, nous allons être grands-parents.

Victor n'en pouvait plus, il tentait de cacher son chagrin, mais la douleur était trop intense et les larmes déferlèrent sans qu'il puisse les contrôler.

~

Deux jours plus tard, Térésa mourut. Après l'enterrement, Victor brûla tous les violons et les autres instruments de sa maison. Puis il disparut. Déchiré et abattu, il erra dans la vallée de l'apocalypse. Il partit en pèlerinage et visita tous les endroits où ils étaient allés, lui et sa femme. Après l'Amérique et l'Allemagne, il prit la direction de l'Autriche en se remémorant l'année où il offrit un concert avec Térésa dans la ville de la musique. Et les années passèrent ainsi, sans qu'il ne donne signe de vie ni à sa famille ni à ses amis.

Petit à petit, il en était arrivé à se sentir responsable de la mort de sa femme. Il développa même certains tics et traits de personnalité de la défunte. C'était un peu comme une ultime tentative pour qu'elle continue à vivre. Comme elle, il se jouait dans les cheveux. Il lui emprunta aussi son ingénuité. Térésa survivait à travers lui.

Un jour d'hiver, il fit une promenade au pied des montagnes qui bordent Vienne. La neige tombait dru. À la vue d'un champ, le blanc immaculé provoqua une étrange sensation. Il lui semblait que les images et les mots de sa vie étaient munis d'ailes et s'envolaient au vent comme des papillons, laissant en lui une page vierge. Le malheureux se coucha dans la neige jusqu'à ce que les flocons recouvrent sa silhouette. Il ne se souvenait plus de rien, sa pensée avait rejoint Térésa sur les rivages lointains du silence absolu. Il gisait, étendu dans l'inconscience de son monde, immergé dans l'oubli…

Des passants trouvèrent le vieil homme dans un état hypothermique. Il fut aussitôt transporté à l'hôpital. Victor était devenu complètement amnésique.

À l'aide de ses papiers, on retrouva sa fille, Estelle. Elle était si contente de retrouver son paternel qu'elle prit le premier train disponible pour Vienne. Sur le chemin du retour, elle serrait la main de son père dans la sienne. Bien qu'il fut ébranlé, il gardait un silence poli aux côtés de « l'étrangère ».

Lorsqu'il arriva au domaine de sa fille, le vieillard porta son attention sur les enfants qui couraient dans le jardin.

— Ce sont tes petits-enfants, papa. Il y a Antoine, Valérie et le petit dernier, Christophe.

Le violoniste demanda à s'asseoir sur un siège en regardant les marmots s'amuser. La vue des bambins apaisait le calvaire qu'était devenue sa vie.

Par la fenêtre, Estelle regardait d'un œil ému, mais content, sa petite Valérie qui s'était approchée de son grand-père pour discuter avec lui. Elle avait de grands yeux et un visage d'où transcendait une candeur rassurante.

Victor savait que la mort s'était annoncée, il savait que le crépuscule perçait l'horizon mais le regard de la petite et sa présence, le réconfortaient.

Sa petite figure changea tout à coup. Elle venait d'être frappée par une pensée.

— Je me souviens ! dit-elle. J'ai attendu longtemps pour te le dire, mais tu avais disparu.

— Dire quoi ? demanda-t-il, intrigué.

— Comment tu m'as charmée…

Les yeux de l'enfant semblaient attendre une réponse.

— Tu me l'as demandé, tu te souviens ?

— Ma pauvre enfant, je ne me souviens de rien. La vie s'enfuit de moi, comme dans un sablier dont le trou mènerait vers le néant.

— Allons, tu ne te souviens pas ?… Je pleurais seule dans la salle de musique et tu m'épiais de loin. Je suis sortie pour marcher et je suis allée m'étendre nue sur la plage du domaine de mes parents. Je regardais le ciel et tu es venu interrompre ma méditation. Tu es apparu en jouant la Chaconne de Bach. Je pleurais et le soleil se couchait derrière toi. À la fin, je me suis jetée dans tes bras, oubliant ma nudité. Nous avons passé notre vie ensemble…

— Ces mots sont plutôt étonnants pour une petite fille de cinq ans. C'est une belle histoire, mais elle ne me dit rien. J'en suis navré.

— La seule chose qu'il faut que tu comprennes, c'est que « La jeune fille et la mort » est bien plus qu'un quatuor à corde, c'est l'énigme qui dévoile le plus grand de tous les mensonges. Elle divulgue ce qui se trouve de l'autre côté de la vallée de l'ombre.

La petite Valérie s'enfuit alors en gambadant pour aller s'amuser avec ses frères dans les bois. Elle oublia à jamais ce qu'elle venait de dire au violoniste.

~

Cette nuit-là, Estelle avait veillé son père qui marmonnait dans son sommeil. Ses draps étaient trempés de sueur.

— La jeune fille et la mort… le jeune homme et la mort… la jeune fille et la mort… le jeune homme et la mort…

Aux petites heures du matin, un souffle, venu de nulle part, traversa la pièce. Soudain, sa mâchoire se crispa, puis tous ses muscles se relâchèrent.

Estelle venait de voir son père quitter ce monde. Au même instant, dans la pièce à côté, la petite Valérie, qui souffrait d'insomnie, s'était perdue dans ses pensées en observant la lune.

On enterra le musicien près de Térésa. Tous baignaient dans la tristesse et la nostalgie, tous sauf Valérie qui assistait à la cérémonie avec maturité et sagesse.

Bien des années plus tard, après avoir longuement étudié le violon, Valérie devint une belle jeune femme. Un jour, un garçon lui brisa le cœur, sa première grande peine d'amour. Comme elle le faisait souvent l'été, elle alla se détendre, nue sur la plage de leur domaine. Mais cette journée-là, un admirateur anonyme l'avait suivie. Captivé par la sincérité et la profondeur de sa peine, il aurait donné n'importe quoi pour pouvoir la réconforter. Bientôt, le violon sur l'épaule, il apparut dans l'éclat rouge du soleil.

Il jouait « La jeune fille et la mort »…

# Fleurs de sable

Après le Fléau, qui décima la majorité de la population du monde, un poète lumineux rassembla tous les esprits créateurs pour fuir dans les montagnes. Des centaines de ménestrels, de musiciens, de poètes, d'auteurs, de comédiens, de sculpteurs et de peintres formèrent une grande procession et partirent avec le but de régénérer l'humanité. En chemin, ils affrontèrent des tornades, des froidures extrêmes, la famine et la maladie. Beaucoup périrent, mais une grande cité fut fondée au pied des montagnes, la Cité des Poètes.

Trois générations plus tard, le petit-fils du poète fondateur, Antoine, écrivit un livre de poèmes dont certains passages, à leur simple lecture, guérissaient toutes les afflictions. Ce chef-d'œuvre était lu aux désespérés qui venaient des régions dévastées et leurs maux étaient aussitôt soulagés. Dans les couloirs du château, les vers y avaient été gravés et les habitants étaient maintenus dans un état permanent de ravissement. Le plus important néanmoins était attribuable aux enfants, l'ornement même de la survie. Le mariage n'était officiellement reconnu que lorsque le premier enfant d'une union voyait le jour. C'était là tout le processus de repeuplement.

Antoine s'était épris d'une muse d'origine bohémienne. Elle avait de grands yeux clairs. Il l'avait surnommée la Lionne, car elle avait un regard de fauve et des cheveux d'or. Et la Lionne allait bientôt être appelée à régner sur toutes les mamans du royaume des arts, on n'attendait que le premier enfant pour consacrer son mariage.

Toutes les nuits, les portes de la chambre royale étaient fermées et le roi tentait de marier sa muse, en vain. La princesse aussi commença à désespérer. Puis un jour, elle se lamenta :

— Pourquoi tant de plaisir sans que la vie ne se concrétise ?

Le poète, source de joie pour tout le royaume, ne savait quoi dire. En la regardant, son allégresse le quittait aussi.

— Je veux partir vers la terre promise. Là-bas je trouverai l'espoir, dit-elle.

— ...

— Tu ne dis rien ?

— Tu es ma nymphe. Ton départ briserait mes os.

— Les miens aussi, car je t'aime beaucoup. Mais je ne suis pas heureuse ici, je dois trouver mon destin, je dois partir dans les terres lointaines d'Égypte. Je dois y trouver mon étoile…

— Ceux qui y vont ne reviennent pas.

— Je sais, mais ma décision est prise.

Le Maître ne savait comment réagir, mais il savait que la Lionne n'était pas bien. Depuis quelques jours, elle était sombre et passait le plus clair de son temps à regarder le soleil et la lune. Il ne pouvait la retenir.

Les appartements royaux furent scellés après leur dernière nuit d'amour. La Lionne était sur son départ. Des effluves de vanille suivaient le balancement de son ombre à travers les statues de pierre. La Lionne aux cheveux d'or portait le long voile blanc qui protégeait les femmes du soleil. Antoine pleura en lui remettant un diadème serti du plus beau et du plus puissant des talismans : la libellule.

— Ce bijou te protégera.

La route vers l'Égypte était périlleuse. Le Maître poète se tint à la porte du désert deux jours et trois nuits, jusqu'à ce que le vent efface le souvenir de ses divines foulées. Ainsi partit la Lionne, pour s'enfoncer dans les limbes et tenter de retrouver l'espoir qui l'avait abandonnée.

~

La première journée où il se réveilla seul dans son lit, Antoine eut l'impression de se réveiller dans un cercueil. Il croyait être mort. Les temps qui suivirent furent aussi pénibles. Le roi n'avait plus d'entrain, il était vide de tous sentiments. Parfois, il s'éprenait d'une autre muse mais, cela ne durait jamais longtemps. Ses pensées se tournaient malgré lui vers l'Égypte, la terre promise. Où était-elle ? Avait-elle trouvé l'espoir ?

Les mois passèrent. Jusqu'au dixième, jour pour jour, à compter du départ de la Lionne. Cette nuit-là, Morphée n'avait pas encore réussi à bercer convenablement le Maître. Le vent murmurait et les nuages cachaient de temps à autre la pleine lune. Antoine avait les yeux grands ouverts. Le temps faisait son œuvre, semblait-il. C'était la première fois qu'il ne se sentait pas pris en otage par l'amour.

Il se leva pour aller marcher dans les sentiers. Son intuition lui parlait des fées qui planaient sur la forêt en lui insufflant la direction à prendre. Après quelques minutes, il rencontra un homme au visage caché par une soierie. Le Maître, quoique surpris, aurait juré que l'étranger l'attendait. L'homme lui faisait signe de le suivre.

Il marcha en prenant le Maître par la main. Les étoiles luisaient dans ses cheveux noirs. Antoine enjambait les buissons avec une nouvelle excitation. Au bout d'un chemin, près d'une gigantesque fontaine, s'amusait en riant une ribambelle de petits bébés ; un trésor inestimable en ces temps durs. Des larmes roulèrent sur ses joues. Bientôt, plus rien ne put arrêter le flot incessant. Un jaillissement de larmes, mais également d'un bonheur sans fin.

~

La Lionne s'était enfoncée dans le désert brûlant en direction de la terre promise. Elle devait connaître l'essence même de sa vie, elle devait connaître l'absolu.

Déterminée, elle avait marché sans faiblir jusqu'au jour où elle pénétra enfin le lieu sacré. Mais tout n'était que désert. Les vertes collines, les cascades et les prés avaient aussi été atteints par le Fléau. Tout n'était que sable infini, sec et aride, à perte de vue. Et son rêve s'effondra en allant se perdre dans cette immensité.

Épuisée, désabusée, elle allait repartir quand elle fut capturée par des êtres étranges, trop grands et forts pour être humains. Elle fut ligotée et amenée à un camp d'esclaves utilisés pour construire de grands monuments en forme de pyramide. Mais au cours de la nuit suivante, elle frotta patiemment ses entraves au métal tranchant du talisman en forme de libellule qu'elle portait encore sur sa tête. Les liens cédèrent et elle put fuir dans l'immensité stérile qui l'appelait toujours.

Pendant ce temps, son corps avait subi une puissante métamorphose. Alors qu'elle reprenait haleine en se tenant l'abdomen, elle comprit. La vie avait enfin germé en elle. Aussitôt, le sentiment du devoir piétina son mal à l'âme et elle se mit en quête d'une oasis où elle pourrait se reposer.

Son voyage s'arrêta là, du moins le temps de sa grossesse. L'eau, les dattes, les figues et les noix de coco soutenaient son existence. Jamais elle n'avait vu pareille bedaine. En regardant sa silhouette dans le reflet de l'eau, elle pleura ; pourquoi était-elle partie ?

Les mois se succédèrent. Elle allait bientôt accoucher quand une caravane fit halte pour la nuit. Les nomades étaient doux et gentils. Elle ne saisissait pas ce qu'ils disaient, mais elle avait compris qu'on laisserait un homme avec elle pour l'aider. La naissance s'amorça dans d'atroces souffrances. L'homme était expérimenté. Il connaissait bon nombre de potions, mais même lui était inquiet. Ça ne se passait pas comme à l'accoutumée. Un premier rejeton vit le jour, puis un deuxième et un troisième. La bohémienne était suppliciée de douleur, on aurait dit qu'elle allait y laisser sa vie. Ses cris perçaient l'obscurité en un écho aigu et déchirant. L'homme avait construit un petit abri de feuilles de palmier où il déposait les trois fleurs de sable quand un quatrième bébé naquit…

La Lionne mit au monde des quintuplés. La vie s'était rachetée pour l'avoir fait attendre si longtemps. L'homme était resté plusieurs mois près d'elle, puis il partit pour revenir une semaine plus tard avec toute sa communauté.

La jeune mère dessina une carte dans le sable et les caravaniers installèrent la petite famille avec d'autres femmes du clan. Bientôt, ils atteignirent le flanc des Saintes Montagnes. Et l'homme qui l'avait accompagnée les amena dans la forêt bordant le palais du Maître. La nuit était douce et venteuse, le Maître poète venait maintenant à eux. Lorsqu'il vit sa petite Lionne, maintenant femme, avec son bouquet de fleurs, il fondit en larme. Le Maître connaissait le désert, sa femme serait morte sans lui. Il serra l'homme dans ses bras comme s'il avait serré un frère. La Lionne enleva son diadème en le tendant à son bien-aimé qui le remit, en guise de récompense et de gratitude, à son protecteur. L'étranger hocha simplement la tête en reprenant le chemin des siens.

La Lionne offrit une fleur au Maître.

— Je ne les ai pas nommés, je voulais que nous le fassions ensemble…

~

Sous la pluie, les cinq gamins et gamines perplexes regardaient leur père ému par ces souvenirs.

— Alors, voilà pourquoi, les enfants, nous vous appelons nos « fleurs de sable ». C'est là l'histoire de votre naissance. Je vous l'ai racontée en guise de préambule, car voilà que Mère Lionne porte encore une fois en elle les traces de la vie…

# Ma confession

Le comte Vidril arriva en calèche à Villard-de-Lans, au début des années 1830. Immensément fortuné, il venait d'acquérir le vieux manoir construit sur les contreforts des Alpes dans le Vercors. À l'époque, j'étais dans la vingtaine et j'avais été chargé par le maire de lui servir de guide.

En descendant de sa voiture, il avait longuement observé le manoir qui embrassait la montagne.

— Oui, c'est bien ici, avait-il marmonné avec hargne.

C'était un homme grand et d'allure jeune, vêtu de noir, portant un chapeau haut de forme en feutre mauve qui affichait un visage froid encadré de favoris et de sourcils touffus. Son discours était parsemé d'un accent que l'on n'arrivait pas à définir et qui venait, disait-on, de ses nombreux voyages. J'avoue que lorsque je l'ai rencontré, la première fois, un frisson d'horreur avait parcouru mon échine.

Je dus lui plaire, car il m'offrit le poste de majordome que j'acceptai. Je m'occupai donc de ses affaires. Je me suis rapidement aperçu du caractère excentrique du comte, il dormait tout le jour et travaillait la nuit. Il ne mangeait jamais, mais il fumait le cigare en faisant des calculs savants sur de grandes feuilles. Il parlait et lisait des livres en chinois, en arabe et en russe.

Un jour, il me convoqua et me donna la mission d'engager des ouvriers pour construire des galeries souterraines sous le bâtiment. Il payait très bien, mais il était d'humeur sévère et implacable avec tous. Il ne montrait jamais aucune affinité et rechignait quand ses ordres n'étaient pas exécutés selon les délais. En quelques jours à peine, une véritable armée œuvra dans les sous-sols et le manoir vibrait au son des pioches, des bêches et de la poudre à canon. Dominant comme un pape, le comte Vidril arpentait les lieux. Personne ne connaissait ses raisons et bientôt l'excavation s'étendit jusque dans la montagne.

Le comte n'était jamais heureux, il fallait toujours aller plus vite et des ouvriers creusaient jour et nuit pendant qu'il dormait ou spéculait sur les travaux en cours. Moi, je préparais les draps, repassait le linge, achetait ses alcools vermeils et ses cigares. Il portait toujours les mêmes costumes de feutre noir. En faisant des achats, j'ai aussi remarqué que j'effrayais les gens. Les paysans me prenaient pour son apprenti. Et pourtant. Je ne savais presque rien de lui et j'en avais moi-même peur. Lorsqu'il surprenait un mineur à perdre son temps, il le faisait fouetter jusqu'au sang.

Quelques années plus tard, presque tous les villageois étaient sous son emprise. Maintenus dans la crainte par une poigne de fer, c'était aussi l'argent qui les avait gagnés. Il y avait maintenant tellement de tunnels souterrains allant dans toutes les directions qu'il était devenu facile de s'y perdre, comme en témoignaient les nombreuses et fréquentes disparitions. Des escaliers grimpaient et dégringolaient partout dans un labyrinthe au non-sens total et le comte se contentait de sillonner ces boulevards de la nuit dans un silence ténébreux et glacial.

Un jour, je me suis permis de lui poser la question que tout le monde se posait :

— Que cherchez-vous dans les montagnes ? Un trésor ?

Il demeura muet.

Plusieurs autres années passèrent pendant que des évènements de plus en plus insolites se produisaient. Le plus marquant était son âge. Le comte ne vieillissait pas. Vingt ans après son arrivée, il avait l'air toujours aussi jeune. De plus, il se promenait dans les obscures allées souterraines sans aucune torche, en y voyant nettement. Le hululement des hiboux, nombreux autour du domaine, accompagnait aussi les promenades nocturnes de l'excentrique qui semblait dialoguer avec eux. Et c'est en ces temps que j'ai commencé à développer mon plan.

En 1872, descendre jusqu'au fond de l'abîme demandait désormais plusieurs jours. Le comte était de plus en plus nerveux. Il parlait dans son sommeil en des langues oubliées et son comportement général était plutôt frénétique. Puis une dépêche arriva d'en bas, annonçant qu'on avait trouvé une grande salle sculptée dans la montagne. Le comte plongea aussitôt dans une agressive excitation et m'ordonna de descendre avec lui après avoir fait sortir tous les ouvriers des galeries. J'étais vieux et je peinais à le suivre dans ces passages étroits.

Sous la montagne, il se confia. Avant ce jour, je n'avais jamais vu de chaleur transcender son visage.

— Vous savez que l'emblème de l'infini orne mes armoiries. En fait, je ne suis jamais né et je ne mourrai jamais. Depuis des millénaires, j'ai visité toutes les contrées et j'ai porté tous les noms. J'étais avec Christophe Colomb sur le Santa Maria, j'ai été emprisonné par César, j'ai combattu les ostrogoths, j'étais aux côtés d'Akhenaton lorsque l'Égypte fut mise à feu et à sang. J'ai vécu mille ans au Japon, puis un autre mille dans les déserts d'Arabie. Lors de la dernière glaciation, il y a quinze mille ans, mon peuple vivait à l'abri sous les montagnes, c'est pourquoi je vois parfaitement dans le noir. L'obscurité est mon trône. La plupart d'entre nous sont aujourd'hui perdus, mais nous sommes toujours là, à parcourir les vallons et les collines du temps.

— Vous êtes donc un vrai livre d'histoire. Toutes vos péripéties doivent avoir été passionnantes !

— Oh non ! Ce fut un véritable enfer ! À l'époque, je suis tombé amoureux d'une fée qui habitait les terres du sud. Elle avait une peau d'ébène et un tel charme qu'elle m'a envoûté. C'était une des nôtres, une immortelle. J'en frissonnais d'extase. Elle fut kidnappée et enterrée vivante dans un endroit secret. J'ai vécu tant d'aventures, mais sans aucun plaisir, car aucune joie n'était possible sans elle. Mon existence fut un déchirement sans fin. Il y a quarante ans, j'ai appris qu'elle avait été enterrée dans une ancienne ville sous les Alpes. Je me suis donc évertué à retrouver l'entrée de cette cité qui se trouvait jadis à des kilomètres sous les montagnes. Le temps était venu de libérer l'objet de ma tristesse et de mon bonheur. C'est pourquoi j'ai levé mon armée de pilleurs de tombes.

Une étrange lueur brillait dans ses yeux, comme si des perles allaient en jaillir. Pour lui, c'était la fin du désespoir.

Nous sommes entrés sous la voûte rocailleuse où il me guidait en consultant les pages couvertes de ses innombrables calculs.

— Nous sommes dans le temple des premiers mortels. Toutes les entrées sont aujourd'hui obstruées. Moi seul ai trouvé le chemin pour y retourner. Ô toi, reine des peuples obscurs !

Il avait pointé le doigt sur une sépulture majestueuse.

Il brisa les barrures avec une barre de fer et ouvrit le couvercle de pierre. Et je la vis, sous la lumière de ma torche, cette fée africaine dont il était amoureux.

Sous la couche de poussière, son visage était encore d'un brun lustré. Le comte caressa avec jouissance son menton, puis son cou. Elle ouvrit lentement les yeux, elle venait de rêver l'éternité. Le comte me fit signe de le laisser seul avec la souveraine de la nuit, il avait du temps à rattraper. Je dus remonter vers la surface. Le dernier regard qu'il me lança me glaça le sang, deux canines vicieuses sortaient maintenant de sa bouche.

Je soupirai de soulagement à mon retour dans la lumière. Je fus d'autant plus heureux en constatant que mes ordres avaient été respectés à la lettre. Les mineurs n'avaient pas chômé pendant mon départ.

Vers la fin des années 1860, tout un chacun pouvait se procurer l'invention de monsieur Nobel, la dynamite, et j'avais acheté plusieurs bâtons ces derniers mois. Après toutes ces années de service, le comte ne faisait plus attention à la façon dont je dépensais sa fortune, pourvu que l'excavation avançât. Je me suis donc pourvu d'une immense réserve d'explosif que j'ai fait placer aux endroits stratégiques.

C'était un matin froid d'octobre. Aussi silencieux que la tombe, la centaine d'ouvriers attendaient. Je mis les gants blancs que j'avais l'habitude de porter lorsque je m'occupais des affaires de mon maître et j'actionnai le détonateur. L'explosion fut si terrible que le comte Vidril en entendit incontestablement les vibrations, loin en bas. Le manoir entier s'effondra sur lui-même, emprisonnant le comte à jamais. Les ouvriers applaudirent en criant leur joie. Un sentiment de liberté planait dans la foule. Je venais de séquestrer le maître du temps, dans sa propre cage de pierre.

Le comte a choisi l'amour. Moi, j'ai choisi la vie. Veuf depuis trois ans et bientôt septuagénaire, c'est avec sa fortune que je pars faire le tour du monde. Je ne reviendrai jamais à Villard-de-Lans. Libéré de mon péché, je quitte maintenant la région.

Henri Poitier
Majordome du comte Vidril
Le matin du 12 octobre 1872

# Maledictus

Le flot de la rivière quittait peu à peu le lit tranquille dans lequel il reposait, presque serein. Là où les eaux devenaient chaotiques, le vieillard s'arrêta, silencieux.

— Que voulais-tu me dire, grand-père ?

— Assieds-toi fiston, le moment est venu de te la raconter, cette histoire…

~

À la fin d'une longue guerre, un navire avait quitté les côtes d'Angleterre avec à son bord une cargaison secrète destinée au roi de France, gage de la paix nouvellement signée. L'intendant du roi avait insisté pour que la cargaison soit déposée de nuit dans les cales du fond. Le navire et son équipage avaient été réquisitionnés par les officiers français, mais avec l'accord de la House of Lords d'Angleterre.

C'était une époque où les brigands parcouraient les mers désertées par les flottes royales, il fallait donc éviter d'attirer l'attention. Les soldats français étaient armés jusqu'aux dents, on avait muni le bateau de plusieurs canons, mais aucun drapeau n'y flottait.

Le capitaine était songeur.

— Faisons venir l'intendant du roi et expliquons-lui ce dans quoi il nous a fourrés avec ses ordres royaux.

Les vents se levaient en accentuant le roulis tandis qu'un matelot allait chercher le Sieur Paul De Montarnais. L'homme, peu habitué aux traversées, arriva avec une mauvaise mine.

— Sieur, commença aussitôt le capitaine, le passage au large de Guernesey est infranchissable, un cyclone s'y prépare. En passant vers le sud, nous allons tout droit vers les récifs et ce bateau est trop gros pour s'y aventurer. Le seul passage possible est celui du massif Maledictus. Mais il est étroit et protégé par d'imposantes murailles rocailleuses, lui aussi.

— Qu'à cela ne tienne ! Ce bateau n'a que trois jours pour se rendre à Versailles. La marchandise doit être livrée.

— Je n'ai pas fini, Sieur De Montarnais, dit le capitaine, agacé. De mémoire d'homme, personne n'en est jamais revenu vivant. Les marins en ont peur. On dit que le diable hante ces lieux.

— Affrontons l'ouragan, dit un matelot.

— Non, répondit le capitaine. Nous n'avons pas le bateau pour faire face à la chimère qui se développe du côté de Guernesey. Nous devons affronter la malédiction. Que Dieu nous garde !

Ils n'avaient pas le choix, tous le savaient. Et sous l'œil inquiet de l'équipage, on largua les amarres en prenant la direction maudite.

~

Paul, l'intendant, avait la tête qui chavirait. La peur lui tenaillait les tripes. Il ouvrit la porte avec la clef qu'il portait toujours à son cou, camouflée sous sa chemise de coton. Après avoir verrouillé de l'intérieur, il commença son inspection. Un volume impressionnant de caisses reposait là. Il devait les compter, tous les jours.

— De l'or pour la paix. Faites que nous passions le Maledictus ! pria-t-il avec un sourire lugubre.

En effet, la paix n'avait pas été gagnée sur les champs de bataille. Elle avait été marchandée, à fort prix. L'or devait être remis sous peine de reprendre les hostilités et les armées n'en pouvaient plus, la famine rongeait la patrie. Quant au Sieur Paul De Montarnais, intendant du roi, il comptait sur la part du gâteau qu'il allait recevoir. Il se voyait déjà décoré des nombreuses récompenses avec lesquelles il s'afficherait dans les plus élégants bordels de Paris.

Puis les eaux se calmèrent, le navire s'était éloigné de la tempête. Les massifs rocheux apparaissaient maintenant au loin. Les soldats, les matelots, l'intendant, les officiers et les maîtres regardaient, muets, venir à eux les rochers menaçants, augures de légendes et de mystères qu'on ne désirait pas connaître.

La nuit s'étendait en cachant petit à petit l'inconnu dans lequel le bateau pénétrait. Les montagnes de graviers morts se fondaient à la brunante et on alluma les torches partout sur le pont. On n'entendait plus que le clapotis de la houle sur la coque et les quelques pieux marins récitant des prières en tenant fermement leur chapelet.

Bientôt, les ténèbres emplirent la totalité du ciel et de l'horizon. Aucune lune, aucune étoile ne brillait. L'univers entier se résumait à la lueur des torches et à la peur qui terrassait chacun des membres de l'équipage.

Une frayeur semblait griffer l'âme du capitaine. Il était debout sur le pont, la main accrochée à une vergue. Il regardait le néant.

— Le silence de l'angoisse est éternel pour nous. Pauvres damnés que nous sommes.

Puis le vent se leva et la pluie s'abattit. Les restes du cyclone sévissant au large de Guernesey gagnaient désormais sur eux. Même s'ils ne les voyaient pas, les matelots devinaient les parois rocheuses qui les écrasaient de chaque côté. Le capitaine dirigeait le navire à la lumière des torches. Au moindre faux mouvement, c'était le naufrage.

L'atmosphère était lourde et le temps humide. La pluie collait les vêtements à la peau. À mi-route, au centre du chenal, le bateau sembla vouloir quitter sa trajectoire. L'intendant surprit des bouillonnements à la surface de l'eau. Au même instant, une secousse ébranla le gaillard d'arrière, puis une autre à tribord. Tout l'équipage fut projeté sur le pont.

Quelques secondes plus tard, le navire fut attiré par le fond. Il s'inclina dangereusement à bâbord. Un autre choc détacha un canon qui roula sur le pont, frappa un matelot de plein fouet et défonça le parapet en entraînant le pauvre bougre avec lui.

C'est alors que la source de cette malédiction se montra. Un coup porté sur la coque révéla un gigantesque tentacule dont les ventouses étaient plus grosses que les hublots. Le bras devait faire trois fois la hauteur du mât. Dans un grognement assourdissant, une bouche béante s'ouvrit sous l'embarcation. Les mandibules énormes ne laissaient aucun doute, la bête avait l'intention d'avaler le navire et l'équipage avec lui.

Plusieurs furent projetés par-dessus bord. D'autres s'accrochaient tant bien que mal aux drisses et aux mâts. La bête écrasait la proue et le Sieur De Montarnais s'était agrippé à une voile d'arrière qui pointait maintenant vers le dôme sombre du ciel orageux et sans étoiles. La pluie avait redoublé d'ardeur et Paul savait que la tornade viendrait les achever. La mort était au rendez-vous.

La proue se fendit en libérant les caisses d'or que le monstre engloutit aussitôt. La bête hurla sa fureur. Les grognements se mêlèrent au tonnerre en défonçant les tympans des marins encore en vie. Les tentacules frappèrent de haine les massifs rocheux de chaque côté. Le spectacle était démesuré et effrayant.

L'intendant profita du fait que l'Hydre reprenait son souffle pour grimper sur la poupe. Une seule chose pouvait lui sauver la vie, il le savait. Alors qu'il s'y tenait, debout, en équilibre, il tendit les bras vers le ciel.

— N'y a-t-il personne dans tout cet infini qui puisse tendre l'oreille pour les miséreux ?... Seigneur, Seigneur !... Graciez-nous de votre colère divine. Sortez votre épée, je vous en conjure, et braquez-la sur ce démon !

Un mouvement différent prit forme dans les nuages ; quelque chose semblait vouloir réagir à son appel. La foudre jaillit et, comme toujours, frappa là où la conductivité était à son meilleur, c'est-à-dire sur la bête mais à travers les caisses d'or.

Les éclairs la chargèrent à maintes reprises, le ciel s'emportait impitoyablement. Cet or avait attiré sur lui toute la rage de Dieu. La pieuvre se débattit si fort que toute la charpente du navire éclata en projetant l'intendant contre la paroi rocheuse où il se fracassa les os. Inconscient, il roula jusqu'au bas de la falaise.

~

Paul se réveilla sur un bateau de pêche normand. Des gens effrayés le questionnaient, mais il n'entendait plus rien. Il ne pouvait plus bouger. Tout son corps souffrait. Il revoyait la force brute, la folie à laquelle il avait été exposé. Ces images étaient maintenant gravées en lui. Les hurlements et grondements résonneraient toujours dans son esprit. Ce mal coulait dans ses veines en submergeant son âme.

Trois semaines s'écoulèrent. À cause des attelles qui maintenaient fermement ses membres, deux personnes avaient été attitrées pour s'occuper de lui. On faisait sa toilette, on le déplaçait et on le nourrissait. Des délégués de France lui rendirent visite. Ils l'interrogèrent sur ce qui s'était passé et sur ce qui était advenu de l'or. Mais le seul mot que l'intendant put prononcer et le seul mot qu'il allait pouvoir formuler tout le reste de sa vie a été :

— Ma… Ma…Male…Maledictus.

Voilà fiston. L'histoire de ton arrière-arrière-grand-père. Avant sa mort, il a écrit ses mémoires et dressé une carte montrant où reposent les caisses d'or. Je voulais t'offrir son manuscrit, c'est un cadeau.

Le jeune homme tendit les mains pour prendre le paquet. Une lueur d'excitation brillait dans ses yeux.

Pierre-Luc Salvati

# Regard vers l'avenir

Il est dit qu'en 2395, une catastrophe d'envergure planétaire frappera la Terre. Plusieurs espèces y trouveront la mort et la race humaine frôlera l'extinction. On prédit 21 302 010 survivants au moment où l'homme entreprendra sa nouvelle évolution et 66.31 % de l'espèce sera alors âgée de 10 à 29 ans. La majorité d'entre eux proviendront du centre de l'Europe, de l'Amérique de Sud et de l'Amérique du Nord. Grâce à la découverte, l'apprentissage et l'implantation en 2198 de la télépathie en tant que science dans les écoles, les survivants se regrouperont en un seul point et formeront un nouveau pays sur la Côte ouest-européenne. Les concepts connus sous les noms de « religions » et de « nationalités » auront disparu et, quoique la race humaine serait divisée en trois dialectes légèrement différents, l'anglais deviendra la langue primaire mondiale et le restera jusqu'en 7319. À la suite de la catastrophe, l'homme évaluera les erreurs de son ancêtre et développera un système efficace basé sur la parfaite symbiose entre son existence et l'écosystème de la Terre. Cette planification assurera sa survie et lui permettra d'évoluer tout en gardant son expansion sous contrôle. L'homme se sera enfin reconnu en tant qu'espèce dépendante.

La science télépathique a déjà vu le jour. Deux noms passeront à l'histoire…

~

Du haut de ses six ans et demi, sur le terrain de la maison de campagne familiale, David s'engagea sur le petit chemin de pierres qui menait vers l'arrière. Il contourna le mur, puis se mit à courir en pleurant.

Sa mère, confortablement installée sur une chaise de parterre, s'accordait un moment de repos en contemplant le paysage. La vue était extraordinaire, magnifique, digne d'une carte postale. Derrière le domaine, une marée de petites collines parsemées d'arbres et de ruisseaux s'entremêlaient...

Et soudain :

— Maman ! Maman !

Son fils l'appelait avec toute l'urgence que se donnent les enfants.

— Mais que se passe-t-il, David ? demanda-t-elle avec toute l'urgence que se donnent les mamans.

David s'arrêta. Le visage ruisselant de larmes, le regard fixe et apeuré, il se tenait devant elle silencieusement.

— Bon, dit-elle d'un ton rassurant. Est-ce que tu t'es fait mal ? Tu es tombé ?...

Elle esquissa un doux sourire en surprenant David qui tourna légèrement la tête de gauche à droite sans jamais cesser de la regarder.

— Bon. Alors si tu n'as pas de bobo, c'est que tout est bien, non ? Mine de rien, elle l'inspecta en souriant chaleureusement pour démontrer le sérieux et l'importance qu'elle accordait à ses sentiments tandis que David hochait la tête en guise de toute réponse.

— Allez, viens t'asseoir ici.

Elle pointa une main attentionnée vers la petite chaise à côté de la sienne.

— Tu veux que je te raconte quelque chose ?

Cette fois, David, bien installé, lui aussi hocha la tête de bon cœur. Il souriait à son tour.

Sa mère lui racontait souvent des histoires, de toutes sortes, qui le plongeaient toujours dans des aventures fantastiques et incroyables. Parfois, David posait plutôt une question, à propos de n'importe quoi, à laquelle sa mère s'amusait à répondre en extrapolant de la façon la plus imagée possible. Ses grands yeux scintillaient pendant la narration, jusqu'à la conclusion qui n'arrivait souvent que trente minutes plus tard. Ils en avaient même inventé un concept : *je raconte ou tu veux savoir ?*

— D'accord, d'accord, dit-elle en voyant sa petite figure radieuse. Tu veux une histoire ou tu veux savoir ?

Cette question, elle l'avait déjà posée une centaine de fois auparavant, mais contrairement à son habitude, David y répondit sans prendre le temps d'y réfléchir.

— Je veux savoir.

— J'en étais certaine, ricana-t-elle. J'te connais bien, tu sais. Alors, que veux-tu savoir ?

David posa un regard avide sur celui de sa mère.

— Maman, que va-t-il se passer dans le futur ?

— Oh ! fit-elle, mais sans surprise. Tu sais mon petit, peu importe ce que je te raconte, l'avenir n'est jamais certain. Mais je vais te dire quelque chose, écoute-moi bien, David.

Elle prit sa main dans la sienne.

— David, si tu veux prédire le futur… il faut simplement arrêter le temps !

Puis elle fit claquer ses doigts dans les airs.

David, impressionné, la regardait avec l'innocence des enfants, les yeux tout ronds et brillants. Il souriait pendant que ses petites jambes lancées comme des balanciers rebondissaient sur le bord de sa chaise.

— Oh ! Vraiment ?

— Oui, vraiment ! ajouta-t-elle sur un ton excité. Et quand on a arrêté le temps, on recule d'un pas, et on regarde.

— On regarde quoi ?

— On regarde le passé…

Elle se retourna sur sa chaise et d'une main, presque magique, scruta l'horizon.

— On regarde ce qui se passe maintenant… Et là, le futur devient beaucoup plus clair.

David se sentit enivré.

— C'est vrai, maman ? On peut faire ça ?

— Mais bien sûr, mon chou ! Tout est possible, David. Tout ! Ne laisse jamais personne décider pour toi.

— Maman, qu'est ce que tu veux dire ?

Elle réfléchit un instant, à la recherche des mots justes.

— Les autres ne voient pas toujours les mêmes choses que toi, David. Et tu ne vois pas toujours la même chose que les autres, dit-elle en pointant ses yeux.

— Pourquoi ? s'enquit-il aussitôt.

— Parce que la plupart des humains pensent que leur réalité est la seule et la bonne.

— Et pourquoi ils font ça ?

— Oh ! Mon chéri, c'est une bonne question…

Elle se gratta la tête en souriant.

David était de plus en plus intéressé, ses yeux pétillaient d'excitation.

— Je pense qu'ils ont peur.

— Ils ont peur ?

— Oui. Les gens ont souvent peur de ce qu'ils ne comprennent pas. Alors, ils préfèrent les éviter ou faire comme si elles n'existaient pas.

David leva des sourcils perplexes. Même lui avait du mal à saisir.

Sa mère le nota et reprit :

— Oui, je sais. C'est surprenant, n'est-ce pas ?

Il fit signe que oui.

— Mais ça, il faut aussi l'accepter.

Le ton s'était fait plus sérieux.

— Ce sera à nous de changer les choses. Nous n'aurons pas le choix.

— Pas le choix ? demanda David.

— Non, pas le choix parce qu'il faut évoluer pour survivre. Et c'est important puisqu'il suffit de regarder le passé pour comprendre que le futur des humains ne sera pas des plus brillants.

— Ça veut dire quoi ?

— David, les humains ont fait de grosses erreurs et ils ne savent pas comment aborder l'avenir. Une grande catastrophe se prépare.

David retint son souffle.

— Nous ne serons plus ici, David. Mais cette catastrophe viendra bien plus vite que le monde pense.

Toujours souriante, elle examina son fils un moment. Le trouble transcendait son petit visage crispé.

— Mais ne t'inquiète pas, David. Ton futur sera grandiose. Je le sais.

Elle lui caressa les cheveux.

— Tu possèdes déjà ce qu'il faut. Tu trouveras les moyens.

Elle détourna le regard et le porta sur le paysage qu'elle admira en continuant :

— Un jour, tu aideras grandement à cette évolution.

L'inquiétude qui avait envahi le visage de David se transforma. Un sourire confiant, fier même, était apparu sur ses lèvres.

— David, tu es encore tout jeune et je sais que tu ne comprends pas exactement tout ce que je te dis. Mais c'est parfait comme ça parce que je sais aussi que tu n'oublieras jamais ce jour.

Elle passa ses doigts dans sa chevelure en nouant exprès son index dans une de ses mèches.

— Quand viendra le moment, tu comprendras. D'accord ?

— D'accord, répondit-il tout bas, même incertain.

La voix de son père se fit soudain entendre et David se leva.

Ni sa mère ni les chaises n'étaient plus. Il fixa le sol, là où elle était assise quelques secondes plus tôt. Il leva les yeux et les posa instinctivement sur le cabanon. Les chaises, maintenant vieilles et délabrées, y étaient adossées.

David baissa les yeux, tomba sur ses genoux et se mit à pleurer tout son soûl. Puis la voix de sa mère résonna dans sa tête :

— David, ne sois pas triste. Maman t'aime beaucoup. Et là, je crois que ton père se prépare à t'emmener au lac pour une baignade. Vas-y, mon fils. Apprends à bien nager. Tu auras beaucoup de plaisir et tu ne le regretteras pas.

Et quand la voix se tut, David se leva pour sécher ses larmes.

Il jeta un dernier coup d'œil en direction des collines et d'une main, presque magique, scruta un moment l'horizon. Dès lors, un sourire égaya son visage. Il fit alors claquer ses doigts, dans les airs, et reprit le petit chemin de pierres…

# *L'éveil*

Au milieu d'un petit jardin garni de fleurs, une grand-mère se promenait et non loin d'elle, son mari lisait.

— Crois-tu que ce sera aujourd'hui ?

— Nous le saurons bientôt, répondit son mari, affectueusement.

Avant que la grand-mère puisse ajouter un mot, quatre de leurs petits-enfants se ruaient vers leur grand-père. Claire, la plus rapide à cause de ses 8 ans, les précédait. Derrière elle, suivaient Logan et Jasmine, sa sœur jumelle, ainsi que Justin, le cadet de 4 ans, courant aussi vite que ses petites jambes le lui permettaient.

En les voyant passer, leur grand-mère se mit à rire à gorge déployée.

— Grand-papa, grand-papa ? criaient-ils tous en même temps. Quand on a demandé à maman de nous raconter votre histoire, elle a dit qu'il valait mieux te voir. Dis grand-papa, dis !... Comment vous vous êtes rencontrés ?

— Ah ! fit-il en ricanant.

Il ferma son livre et le déposa par terre, près de lui.

— D'accord, d'accord ! Venez ici.

Et les enfants s'installèrent devant lui.

— Je m'en souviens comme si c'était hier, commença-t-il en faisant un clin d'œil à sa femme qui cherchait une fleur dans le jardin. Un matin, je me suis levé et quelque chose de spécial est arrivé…

— Qu'est-ce qui était spécial ? coupa Claire, curieuse.

— Eh bien, ce matin-là, j'ai eu le goût de boire un bon café bien chaud.

— C'est tout ? demanda Jasmine, déçue.

— Oui. C'est tout, s'esclaffa-t-il. Mais…

Il avait levé un doigt et les enfants comprirent aussitôt que leur grand-père préparait une surprise.

— Ce qu'il y avait de si spécial dans cela était que je n'aimais pas du tout le café.

— Oh ! s'exclamèrent les jeunes. Et qu'est ce que tu as fait ? insista Claire.

— Eh bien, j'ai décidé de me rendre au petit café du coin. C'était un endroit charmant situé devant le parc donnant sur la rivière. Des musiciens venaient souvent pratiquer leurs instruments dans ce parc. Et c'est là que j'ai vu votre grand-mère pour la première fois.

Les enfants avaient maintenant les yeux ronds comme des ballons.

— Et que faisait-elle ? renchérit Claire.

— Un pique-nique ! rétorquèrent Logan et Jasmine à l'unisson.

— Exactement ! renchérit leur grand-père. Elle marchait dans le parc avec son panier accroché au bras et son chien qui courait autour d'elle.

— Grand-maman avait un chien ? s'enquit Justin comme si cette révélation avait été la chose la plus incroyable qu'il ait entendue.

— Est-ce qu'il s'appelait Cody ? se surprit Claire à demander en pensant à ce nom.

— Oui, c'est ça. Cody. J'ai commandé mon café et avant d'ouvrir mon journal, je me suis souvenu d'une journée semblable alors que j'étais tout petit. Je devais avoir 5 ou 6 ans. Ma mère, votre arrière grand-mère, m'avait rendu visite pour me remettre un message. À la fin du message, elle m'avait suggéré d'accompagner mon père pour apprendre à nager.

— Est-ce que tu as appris à nager grand-papa ? demanda Logan.

— Oh oui ! Très bien même ! ricana-t-il. Mais quand j'ai pensé au lac où nous allions nager, dans ma tête, le lac s'est lentement transformé…

Les enfants écoutaient religieusement.

— Il s'était transformé en rivière et dans ma tête, toujours, j'ai vu votre grand-mère tomber dans l'eau…

Jasmine porta sa main à sa bouche en retenant son souffle et aucun d'eux n'intervint.

— Voilà pourquoi j'ai quitté ma table au petit café et lorsque j'ai vu son panier abandonné, j'ai couru à la rivière puis j'ai suivi le courant.

— Tu courais vite grand-papa ? demanda Justin.

— Oh oui, mon petit ! Tu ne me verras jamais plus courir aussi vite, s'exclama leur grand-père en riant. J'ai même sauté par-dessus le tronc d'un gros arbre qui me barrait la route. Puis j'ai vu votre grand-mère…

— Et grand-maman ne peut pas nager, affirma Jasmine.

— Exactement ! reprit le grand-père, fier de sa petite-fille.

Il jeta un coup d'œil à sa femme qui lui sourit en retour.

— Alors, j'ai couru du plus vite que j'ai pu. D'une rapide enjambée, j'ai sauté par-dessus une pierre aussi haute que toi, Logan…

Il plaça une main sur la tête de son petit-fils pour donner une meilleure idée de la hauteur de cet obstacle.

— Et je me suis propulsé pour plonger dans la rivière !

Claire ouvrit de grands yeux en se retournant vers sa grand-mère qui s'empressa de confirmer par un hochement de tête au milieu duquel trônait son sourire.

— Vous savez mes chers petits, quand j'étais jeune, j'étais tout un athlète, fit leur grand-père en montrant un de ses biceps du doigt.

Sa femme, amusée, riait de plus belle.

— Et j'ai nagé et nagé et nagé. Et finalement, j'ai agrippé le bras de votre grand-mère.

Jasmine bondit de joie en applaudissant.

— Merci Jasmine, mais il fallait maintenant revenir sur la rive.

— Et grand-maman, elle ? demanda Logan, inquiet.

— Elle ne bougeait plus, Logan.

— J'ai dit qu'elle ne sait pas nager, lança sa jumelle, un brin irritée.

— Oui, c'est bien ça, elle ne bougeait plus. Alors, j'ai ramené votre grand-mère sur la rive et je l'ai déposée doucement au sol…

— Tu lui as fait le bouche-à-bouche, grand-papa ? demanda fièrement Claire qui venait d'apprendre cette technique dans ses cours de natation.

— Je n'avais pas le choix, votre grand-mère ne respirait plus.

Les enfants frissonnèrent tandis que Claire se tournait vers sa grand-mère pour lui faire un clin d'œil.

— Puis elle s'est mise à tousser et à cracher l'eau de ses poumons.

— Et après ? voulut savoir Logan.

— Ils se sont embrassés ! cria Claire en sautant de joie.

Leur grand-père ria.

— Je n'ai pas pu te la cacher, celle-là… lui souffla-t-il ensuite à l'oreille.

Elle fit signe que non.

— À compter de ce jour, votre grand-mère et moi ne nous sommes jamais séparés et quelques années plus tard, votre mère est venue au monde. Quand votre mère est née, votre grand-mère, son amie et moi avons préparé différents jeux pour l'aider à développer ses aptitudes, celles que vous possédez aussi. Au cours de sa vie, elle est devenue incroyable. Elle nous a largement dépassés en connaissances. Le reste, c'est par elle-même qu'elle l'a découvert.

Les enfants se regardèrent les uns les autres.

— Des jeux ? se demandèrent-ils.

Mais avant que leur grand-père puisse reprendre la parole, Logan et Jasmine réalisèrent où leur grand-père voulait en venir.

— Je vois que vous venez de comprendre, remarqua-t-il.

— Ce sont ces jeux-là que papa et maman nous font pratiquer, n'est-ce pas ?

— Oui, Jasmine. Ce sont ces jeux-là.

Justin, du haut de ses quatre ans, semblait de plus en plus perdu.

— Papa aussi peut nous dire des choses sans parler. Comme ça !

Le grand-père s'esclaffa à nouveau.

— Ô que oui !... Et votre père était tellement fou de votre mère qu'il a tout fait pour l'impressionner…

Sa femme le regardait d'un air aussi enjoué que lui.

Justin vit le sourire de son grand-père sans toutefois voir à qui il l'adressait.

— Grand-papa ? s'enquit-il, perplexe. À qui tu souris dans le jardin ?

— À ta grand-maman, bien sûr.

Ce qui fit rire son frère et ses sœurs.

— Mais, je ne la vois pas, moi !

La grand-mère trouva finalement la fleur qu'elle cherchait, mais Justin ne la voyait toujours pas.

— Tu devrais peut-être jeter un coup d'œil plus près, suggéra alors son grand-père.

Justin partit et s'approcha de la pierre tombale au milieu du jardin. Mais cette pierre, sur laquelle le nom de Jessika Clarence était gravé, Justin l'avait souvent vue depuis la mort de leur grand-mère.

— Grand-maman ! pria Justin. Je veux vous voir, moi aussi! Je sais que vous êtes là…

Quelques secondes s'écoulèrent puis un vent frais effleura ses joues.

— Justin, ferme les yeux.

Le petit Justin le fit aussitôt.

— Tu peux m'entendre ?

Excité, l'enfant fit de grands signes de tête.

— Écoute-moi Justin. Si tu peux m'entendre, tu peux me voir.

Et l'enfant, rasséréné, sourit.

— Je suis devant toi, Justin. Ouvre les yeux et regarde-moi.

Il ouvrit les yeux, puis les écarquilla. Elle était là, devant lui. Sa grand-mère. Vêtue d'une longue robe bleue couverte d'un tablier. Ses cheveux attachés et cachés sous un beau chapeau portant la violette qu'elle avait tant cherchée.

Elle lui sourit en disant :

— Et là, mon petit Justin, tu me vois ?

Elle s'agenouilla devant lui.

Justin eut le réflexe de lui faire un câlin. Mais lorsque ses petits bras l'atteignirent, sa grand-mère se volatilisa en un doux brouillard qui reprit lentement sa forme humaine.

— Oh ! fit-il, désolé. Je m'excuse, grand-maman…

— Ne t'inquiète pas, le rassura-t-elle en riant. Claire aussi a été surprise et Logan est presque tombé du comptoir quand lui et Jasmine m'ont vue pour la première fois.

Ses grands yeux innocents étaient pourtant troublés.

— Grand-maman ?

— Oui, mon petit ?

— Où vas-tu quand tu n'es pas là ?

Elle passa ses doigts diaphanes dans sa tignasse.

— Oh !... Justin !... Bien des années s'écouleront avant que tu ne le comprennes. Ton apprentissage ne fait que commencer…

# La fuite

Un ordre émergea de la noirceur :

— Chut ! Ne faites pas de bruit.

Depuis maintenant une trentaine de minutes, les prisonniers étaient ballottés de tous bords, tous côtés, en s'empilant parfois les uns sur les autres à l'intérieur de leur cachot en mouvement.

Mais soudain…

— Écoutez ! reprit la voix. Ça y est, ça ne bouge plus.

Sur le coup, personne ne répondit. Ils étaient pourtant une soixantaine dans ce cachot.

Ils avaient été répartis en trois groupes distincts. La plupart d'entre eux ne se connaissaient pas, mais ils avaient tous deux points en commun : ils avaient tous été faits prisonniers et aucun ne pouvait se rappeler quoi que ce soit mis à part le froid sibérien qui les avait engourdis jusque-là. Maintenant confinés dans la noirceur totale, la peur envahissait l'espace en le rendant plus opaque qu'il ne l'était.

— Ça ne bouge plus, renchérit la même voix. Écoutez !

Tous étaient à l'affût. Le silence était lourd, l'atmosphère intense.

Puis…

— Vous entendez ?

De l'eau, à une cinquantaine de mètres environ.

La peur se transforma et un vent de panique gagna les esprits.

Certains s'effondrèrent en pleurs tandis que d'autres gémirent tout bas. Mais entre les pensées qui s'entrechoquaient et les douces vaguelettes du ruisseau, un troisième son les atteignit.

— Hé !… Mais c'est de la musique ! Quelqu'un s'il vous plaît, dites-moi que je ne suis pas fou. J'entends bien de la musique.

— Non, tu n'es pas fou. Moi aussi je l'entends, répondit une voix nouvelle.

Et plusieurs autres confirmèrent aussitôt.

La mélodie venait de loin, très loin. Trois cadences merveilleusement bien menées sur des violons projetant leurs vibrations à toute allure en piquant à travers les murs qui les emprisonnaient dans la plus sombre des noirceurs.

La musique les envoûta en les entraînant dans une sorte de transe sereine et bénéfique, mais de courte durée. Quelque chose frappa les murs et le toit se déchira en un écho horrible et terrifiant qui intima les prisonniers à se replier sur eux-mêmes. Et le toit partit, brusquement arraché, en laissant pénétrer un soleil aveuglant dont ils durent se détourner momentanément.

— Eh bien, je ne sais pas pour vous, mais je n'ai pas l'intention d'attendre pour connaître le sort qu'on nous réserve. Je me tire d'ici !

— Et comment comptes-tu t'y prendre pour fuir ? ironisa un autre.

— Par là, fit-il en pointant du regard le ciel bleu au-dessus d'eux.

— Et comment penses-tu te rendre jusqu'en haut? demanda un troisième.

Il réfléchit un instant. En effet, la tâche semblait impossible.

— Je sais ! s'exclama-t-il tout à coup. Mais j'aurai besoin de votre aide…

Tous retinrent leur souffle.

— L'aide de tout le monde, ajouta-t-il. Je sais que vous avez peur. Moi aussi, croyez-moi. Mais si nous restons ici, nous allons sûrement mourir. Vous comprenez ? Alors si vous m'aidez à sortir d'ici, je ferai tout ce que je peux pour trouver de l'aide. C'est notre seule chance !

Il arrêta de parler, confronta le silence, puis reprit.

— Quelqu'un a-t-il une autre suggestion à proposer ?

Après un long moment, une voix s'écarta des autres.

— D'accord, c'est quoi ton idée ?

— Il faut faire une pyramide le long du mur et je grimperai sur vous.

L'idée éveilla un certain enthousiasme. Méthodiquement, les groupes prirent place au pied du mur, les plus forts et les plus gros en dessous tandis que les autres grimpaient en se positionnant les uns par-dessus les autres.

Et celui qui avait lancé l'idée commença à grimper à son tour.

— Tenez bon, j'y suis presque, dit-il pour les encourager.

Finalement, il parvint au sommet et vit la rivière qui coulait en cascades à une cinquantaine de mètres d'eux. L'eau, pensa-t-il en cherchant la musique sans trouver sa provenance, ce qui le rendit nerveux.

— Tu vois quelque chose ? cria un des prisonniers. Qu'est ce qu'il y a à l'extérieur ?

— Il y a une…

Il ne termina jamais sa phrase, mais il cria à plein poumon que tout le monde fut pris par surprise. Déstabilisée, la pyramide bascula de droite à gauche. Un deuxième cri plongea les prisonniers dans l'horreur et celui qui se tenait tout en haut disparut.

La pyramide pencha une dernière fois vers la droite, puis s'effondra. Au même instant, le toit réapparut au-dessus de la cage en les enfermant à nouveau dans la noirceur. Seul le cri de leur compagnon résonnait maintenant dans leurs pensées et dans leur cœur.

Et à partir d'ici, personne ne pouvait plus dire ce qui était advenu d'eux.

~

— Aie ! Ça fait mal ! Mais lâche-moi !

Celui qui avait grimpé pour s'enfuir était à présent coincé entre les doigts d'une immense créature, si grande qu'elle devait faire au moins plus de soixante-dix fois sa grandeur. Elle leva sa main pour inspecter le prisonnier de plus près et c'est alors qu'il découvrit les yeux bruns qui surplombaient les dents immenses et meurtrières.

La créature le tournait d'un côté comme de l'autre quand il comprit ce qui l'attendait.

— Non ! cria-t-il, horrifié. Tu ne peux pas me manger !

Mais on ne l'entendait pas. Seul un miracle pouvait maintenant le sauver.

Comme il commençait à perdre espoir, son geôlier relâcha son emprise pour se rendre à la rivière.

*Oui, oui*, se dit-il. *Va vers l'eau. C'est parfait.*

Et la créature s'arrêta au bord de l'eau pour scruter les alentours.

*C'est le temps !* pensa-t-il. *Tu dois te dégager et tu dois tomber à l'eau. Sinon…*

C'était là une chute qui pouvait lui être fatale. Il n'avait aucune marge d'erreur, mais il n'avait pas le choix non plus. Il se trémoussa autant qu'il le pouvait, mais en vain. Il essaya de nouveau en y mettant toute sa force, mais toujours sans succès. Désespéré, il poussa un cri en se tortillant, mais ça ne donna rien, absolument rien.

Son cri de guerre se transforma bientôt en cri de détresse et le pauvre hère finit en pleurs.

*Tombe dans l'eau !* priait-il à travers ses larmes. *C'est ma seule chance. Tombe !*

La créature, elle, restait là, complètement immobile, au bord de la rivière.

Le prisonnier continua.

*Tombe !* répétait-il en s'accrochant à cette image. *Allez, tombe dans l'eau ! Tombe !*

La créature ne bougeait pas. Ses doigts relâchaient lentement leur emprise. Cela lui redonna courage et il se concentra davantage.

Soudain, la créature se dressa, droite comme un arbre, en basculant lentement vers l'avant. Elle tombait à l'eau.

*Ça y est, je suis sauvé !* s'écria-t-il pour lui-même.

Dès qu'il fut dégagé, il remonta à la surface et s'adossa à une branche en attendant que le courant fasse le reste.

Il avait peine à y croire. Épuisé, il se laissa pourtant aller. Après tout, il avait réussi.

Malheureusement, le grabuge avait attiré l'attention d'un autre monstre qui se précipitait vers l'endroit où la créature était tombée. Celui-ci était moins gros, mais beaucoup plus bruyant. Poilu de la tête au pied, sa langue pendait au coin d'une bouche qui menaçait de sortir de sa tête.

Quelques secondes plus tard, il se trouvait face à face avec lui.

— Non ! cria-t-il de toutes ses forces.

Trop tard. La langue du monstre l'avait happé et les canines avaient déjà percé la peau et déchiré ses chairs en le coinçant entre les dents d'où il ne pourrait jamais plus s'enfuir.

~

Le chien se tourna vers sa maîtresse et l'autre qui l'aidait à reprendre pied.

— Non, Cody ! lança-t-elle d'un ton sec en levant un doigt. Ouvre la gueule, mon chien…

Elle l'agrippa fermement par le museau en lui répétant l'ordre.

— Allez ! Ouvre la gueule ! Tu ne peux pas manger des raisins. Je te l'ai déjà dit plusieurs fois. Ce n'est pas bon pour toi.

Cody poussa un gémissement et rendit les armes.

Elle s'accroupit, força la gueule de l'animal pour l'ouvrir et trouva le raisin prêt à être avalé. Elle le prit et le jeta sans regarder les lambeaux qui s'éparpillèrent en se fracassant sur le sol rocailleux.

En se relevant, elle s'adressa à celle qui lui avait prêté main-forte.

— Les raisins peuvent être dangereux pour les chiens, vous savez ?

— Non, je n'en avais aucune idée, répondit l'autre en regardant Cody qui lui rendait son regard d'un air piteux.

— Allez, Cody ! ordonna sa maîtresse. Assez d'aventure pour aujourd'hui, on rentre à la maison…

Elle fit deux pas en direction du parc où trois jeunes femmes jouaient du violon, mais s'arrêta en regardant la couverture sur le sol à quelque trois mètres de là. Trempée de la tête aux pieds, elle se secoua en jetant un coup d'œil étrange sur son chien.

— Mais comment ce raisin a pu se rendre jusqu'ici ?

Une lueur de plus en plus confuse transcenda son regard.

— Pour mon pique-nique, j'avais préparé un contenant de raisins, de framboises et de bleuets. Comment un raisin a-t-il pu rouler jusqu'ici ?

Elle regarda encore la couverture où la nourriture les attendait.

— Et le contenant, lui, il est où ?

# Un pas vers l'avant

En revenant de l'hôpital, Danielle, au volant de sa voiture, regardait son amie Jessika du coin de l'œil. Elle prit un long souffle et finalement, se tourna vers elle.

— Jessika, tu es certaine que tu vas bien ?

— Oui, plus que certaine, répondit-elle.

— Eh bien, je peux dire que c'est toute une frousse que tu m'as donnée, là !

— Oui, je sais.

Jessika semblait rêveuse.

— Oui, je sais ? C'est tout ce que tu as à me dire ? Mais qu'est-ce que j'aurais fait sans ma Jessika chérie, moi ?

— Arrête Danielle. Tu vois bien que je vais bien…

Elle hésita avant de reprendre.

— Je suis juste un peu secouée par tous ces événements.

Danielle la scruta un instant. Sa voiture immobile devant un feu rouge, elle leva les yeux sur le rétroviseur.

— OK, alors recommence du début. Parce qu'à l'hôpital, j'étais bien trop énervée. Ou bien ton histoire ne fait aucun sens ou bien j'ai mal compris.

— Un peu des deux, rétorqua Jessika en riant. D'accord, d'accord, je te raconte tout ça, encore une fois.

Le feu tourna au vert et Danielle reprit le volant en accélérant.

— OK, dis-moi tout…

À son tour, Danielle était songeuse.

— Non, attends. Avant tout, reparle-moi de cette dame. À quoi ressemblait-elle déjà ?

Jessika ferma les yeux un moment pour mieux revivre l'incident qui s'était produit quelques heures plus tôt. Elle frappa tout d'abord un mur noir, puis tout revint peu à peu, comme un film au cinéma.

— Elle faisait à peu près ma grandeur. Elle portait des cheveux bruns et longs jusqu'à mi-dos. Elle était coiffée d'un beau chapeau décoré de fleurs. Des violettes…

Jessika s'arrêta un moment. Elle souriait.

Danielle, anxieuse, la fixait, mais sans oser l'interrompre. Les yeux toujours fermés, Jessika reprit son récit.

— Elle portait une belle robe mauve. Elle était vraiment belle.

— Et dis-moi, qu'est ce qu'elle t'a dit ? demanda Danielle.

— Bien, au début, je ne comprenais pas trop. Mais, tout à coup, je l'ai entendue comme si sa voix venait de…

— De ? insista Danielle.

— De l'intérieur de moi.

Danielle profita d'un autre feu rouge pour ralentir et prendre une profonde inspiration. Elle n'avait pas l'habitude de ce genre de choses et ça la tourmentait.

— De l'intérieur de toi ? s'enquit-elle sur un ton inquiet.

— Oui, c'est ça. C'est la meilleure façon de le décrire, ajouta Jessika, sereine et convaincue.

— OK, d'accord, je te suis jusque-là. Une fois que sa voix est devenue claire, qu'est ce qu'elle t'a dit ?

— Elle m'a dit de ne pas avoir peur.

— Peur de quoi?

— De ce qui allait arriver, je suppose.

— Wow !... Et que lui as-tu répondu ?

— Que je n'avais pas peur.

— Et là ?

— Elle m'a souri et m'a prise par la main. On a marché vers le parc où trois filles jouaient du violon…

Jessika, les yeux clos, avait maintenant froncé les sourcils.

— Je peux même encore les entendre si je me concentre… Elle m'a ensuite demandé depuis combien de temps je pouvais entendre les voix.

Danielle écarquilla les yeux.

— Je lui ai dit que je les entendais depuis que j'étais toute petite, mais que je n'y portais pas attention.

— Non, ce n'est pas vrai. Tu ne m'en as jamais parlé.

— Je te connais trop bien. Si je t'en avais parlé, tu ne m'aurais pas crue ou tu m'aurais crue malade…

Danielle se tut.

— Je lui ai dit que ma grand-mère venait souvent me visiter de cette façon….

Jessika ouvrit les yeux et regarda Danielle intensément.

— La dame n'en a pas été surprise. Elle m'a serré la main en se plaçant devant moi en m'annonçant que j'allais bientôt tenir un rôle important…

Danielle se sentait confuse.

— Puis elle m'a dit que je comprendrais… après la rencontre.

Jessika s'enfonça dans le siège du passager en examinant Danielle, attentive à la route.

— La rencontre… Tu crois qu'elle parlait de l'homme qui t'a sauvée ?

— Oui, j'en suis certaine.

Jessika sourit.

— Elle m'a dit de ne pas m'inquiéter et que tout allait bien se passer. Elle m'a tirée d'un pas vers l'avant et je suis tombée dans l'eau.

Danielle ne pouvait le croire. Son regard éberlué ne mentait pas.

— Dans l'eau ?

— Oui. Je suis partie en pique-nique avec Cody au bord de la rivière. Il faisait si beau et Cody avait besoin de se dégourdir les pattes. La seule chose dont je me souvienne clairement est de m'être installée et d'avoir pris un raisin. C'est là que j'ai entendu sa voix… Et comme je ne sais pas nager…

— Pauvre chérie, ce que tu as dû avoir peur !

Danielle arrêta la voiture à l'arrêt et donna un gros câlin à Jessika. Des larmes embrumaient sa vue.

— À vrai dire, non. Pas du tout. Et juste au moment où l'air venait à manquer, j'ai senti une main m'agripper par le poignet en me tirant à la surface.

— Celui qui t'a sauvée ?

— Oui, lui. Quand il m'a empoignée, j'ai entendu ses pensées : « Je te tiens ! » Il m'a doucement déposée sur le gazon. Je ne respirais plus, mais j'entendais toujours les violons.

Danielle était sous le choc.

— Dans ma tête, je l'ai encore entendu me dire de ne pas m'inquiéter, que tout allait bien aller. Il m'a fait le bouche-à-bouche, j'ai senti l'air dans mes poumons.

— Tu étais consciente ?

— C'est bizarre. À moitié, je dirais. Mais je peux te dire que j'en ai craché, de l'eau. J'ai ouvert les yeux et je l'ai vu, pour la première fois. Il n'a pu s'empêcher de penser combien il me trouvait belle.

Jessika ricana.

Danielle se l'imagina avec du maquillage coulant sur ses joues et rit avec elle.

— Et là ? Qu'as-tu fait ?

— J'ai refermé les yeux…

Elle s'arrêta un moment, un tantinet gênée par ce qu'elle allait avouer.

— J'ai agrippé sa chemise, je l'ai tiré vers moi et je l'ai embrassé…

— Tu l'as embrassé ? coupa Danielle, estomaquée.

— Oui. Et sans dire un mot, je lui ai dit : « Ça, c'est pour m'avoir sauvé la vie ».

— Et ?

— Et je l'ai encore embrassé…

— Encore ! s'exclama Danielle.

— Et j'ai vraiment pris mon temps, ricana Jessika. Il était complètement charmé…

Elles se regardèrent en riant.

— Et toujours sans parler, je lui ai dit : « Ça c'était parce que j'en avais envie ».

— Qu'est-ce qu'il a fait ?

— Il a pensé combien il en aurait aimé un troisième… Et je l'ai fait… Puis Cody est venu nous rejoindre.

— Quelle histoire !... Et ton sauveur, il a un nom ?

Jessika rougit.

— Il se nomme David. Il m'a reconduite à l'hôpital pour s'assurer que j'étais réellement sortie d'affaire. Quand je lui ai dit que tu allais venir me chercher, il m'a donné ses coordonnées et il est parti.

— Et ton chien ?

— Il l'a amené avec lui. Il m'a dit que de cette façon, je n'aurais pas le choix de l'appeler.

Jessika ferma les yeux en se laissant profondément choir sur le siège.

— On dirait bien que c'est lui qui t'a charmée, lança Danielle en riant.

L'expression de Jessika changea subitement. Apeurée, elle cria.

— Danielle, freine !

Danielle enfonça le frein à deux pieds et juste au moment où sa voiture s'immobilisa, un camion muni d'une lourde charge sortit en trombe du tunnel que leur voiture allait croiser. Le chauffeur venait de manquer son feu rouge. Danielle avait freiné juste à temps et le camion passa son chemin.

Les deux filles retenaient encore leur souffle. Danielle tenait encore le volant à deux mains. Jessika avait planté ses ongles sur le tableau de bord. Leur regard restait fixé sur la route, devant.

— Tu nous as sauvé la vie… murmura Danielle, sous le choc.

— Comme l'a fait David… Il le savait.

Danielle se retourna pour prendre sa main dans les siennes.

— Jessika? La dame, quand elle t'a dit que tu allais avoir un rôle important à tenir, crois-tu qu'elle parlait de ce don que toi et David avez?

— Oui. Je n'en ai aucun doute. Et je comprends maintenant son message. Deux vies ont été sauvées aujourd'hui…

— Et la même, deux fois, interrompit Danielle. Alors, ça fait trois.

— Imagine maintenant toutes les vies que nous pourrions sauver en une semaine, un mois, un an.

— Dis-moi, tu penses que ça s'apprend ?

— J'imagine que oui. Si David et moi en sommes capables, pourquoi pas tous ?

— Et si vous trouviez un moyen de développer ce don, de génération en génération ?

Danielle et Jessika se regardèrent, les yeux écarquillés devant l'ampleur d'une telle perspective.

— Il y a sûrement un moyen, ajouta Jessika en jetant un coup d'œil sur la carte que David Bourdain lui avait remise. Il y a sûrement un moyen…

Véronique Morel

# *Vendredi soir dans la cuisine…*

J'ai prévu m'arrêter aux Îles Marquises pour me ravitailler et prendre un temps de repos avant de remonter vers le Nord, surtout qu'il me faut recoudre le foc qui s'est fait balafrer par les derniers coups de vent.

J'ai jeté l'ancre dans la baie en fin d'après-midi. L'air est chaud, la mer, turquoise et les palmiers ondulent comme les hanches des vahinés accueillant les visiteurs au port. Le nectar enivrant dans lequel flotte l'île me chatouille les narines.

L'escapade en ville pour casser la croûte et prendre le pouls de la place a été brève. La nuit étoilée s'est accrochée au mât de mon voilier. La brise, discrète, réveille quelques rêves.

Je ne sais pas ce qui m'arrive ! C'est ça ! Le parfum de tiaré ravive l'odeur corporelle unique, sensuelle, enivrante de la magnifique jeune Noire tenue dans mes bras le temps d'un *slow*, il y a si longtemps… Ça fait bien quarante ans.

Comme c'est étrange. Qu'est-ce que cette… Comment s'appelait-elle déjà ? Voyons ! Je ne me souviens plus. Que fait-elle chez moi ce soir, l'énigmatique jeune femme d'une soirée d'hiver au Québec ? Ben voyons, je délire ! Je me sens tout chamboulé ! Je dois mal digérer, c'est comme rien. Ma vue flanche, j'ai un frisson. Une grippe ?

J'ai dû marcher une bonne heure sur la plage pour retrouver le flux normal de ma respiration et surtout mettre mes esprits à l'endroit ; j'ai croisé quelques couples d'amoureux, j'ai entendu murmurer deux femmes adossées à un cocotier. De retour sur le pont de mon voilier, crayon et journal en main, j'écris ce qui se passe, je note mes impressions. Elle est toujours là. Elle me hante comme les marins en manque de tendresse pouvaient l'être par la Lorelei, l'ensorceleuse des mers. Ça doit être ça. Je suis seul sur mon voilier depuis maintenant neuf mois, il y a de quoi être en perdition.

Je n'arrive pas à dormir. Elle me tient réveillé. Je la sens près de moi... Mahité ! C'est ça. Mahité... Elle semble assise à mes côtés, et nous sommes en conversation. Comme lors de cette soirée, dans la cuisine chez Colette...

Ma cousine attentionnée avait invité une fille qui me tiendrait compagnie en ce beau vendredi soir, alors qu'elle et son *chum* et deux autres couples se regroupaient dans sa cuisine pour danser. J'étais en promenade chez elle pour la fin de semaine, nos parents étaient dans un congrès de je-ne-sais-plus-quoi, et la belle Colette ne voulait rien changer à ses habitudes. Ce qui était parfait pour moi.

Je discutais hockey avec le *chum* de Colette quand la jeune fille est apparue. J'en ai eu le souffle coupé. Heureusement, les présentations échevelées entre nous tous m'éloignaient de Mahité. Et c'était parfait pour moi. La musique s'était invitée au milieu de nous en tonitruant sa présence tout en lançant les trois couples dans une danse folle au milieu de la place. Des vrais singes voulant grimper aux arbres ! Ils riaient beaucoup, et fort. Moi, je ne savais pas danser. Mahité semblait attendre que je l'invite. Assis côte à côte, je l'entends me dire, dans un accent chantant :

— Trouves-tu que Cournoyer a mal joué samedi dernier ? Tu parles ! Une fille qui s'intéresse au hockey !

Je l'avais regardée ébahi en m'accrochant à ses pupilles comme à des larmes d'Aphrodite. J'étais entré chez elle par ses yeux. Deux grands océans à l'immensité envoûtante, perles au cœur brun serties dans le visage rond de la lune. Une fille qui me parlait, qui m'écoutait, qui m'ouvrait à un échange de propos, ô plutôt superficiels, mais en même temps empreints d'une totale franchise, sans fanfaronnerie, justes. Nous avons jasé de nos familles, des cheveux longs des Beatles, de ma vie à la campagne, de son séjour éphémère à Montréal, de nos rêves... La soirée a coulé comme un déluge, avec force, et rapidement.

Je l'ai enfin invitée à danser. Colette avait éteint le plafonnier de la cuisine et seul le néon de la cuisinière sauvait l'honneur de ne pas être dans l'obscurité totale. Michel Polnaref chantait *Love Me !* Mahité dans mes bras, nous nous sommes mis à tanguer, à nous laisser bercer par la vague de l'unisson. Avec une infinie douceur, je promenais ma main dans son dos comme on marche en silence sur la plage, en me soûlant de son odeur particulière, un parfum inconnu jusque-là… C'est ce parfum-là qui m'enivre depuis mon accostage ici. Des mots amoureux ont jailli de mon être et seule ma pensée les a portés jusqu'à son cœur : « Tu es belle, Mahité ! Tellement belle ! »

— Sortez de votre rêve, avait dit Colette en allumant le plafonnier. Les jeunes prenaient une dernière gorgée de Coke et quelques chips… Je tenais les mains de Mahité pour plonger dans ses yeux à tout jamais.

Je ne l'ai plus revue.

Cette nuit, je me sens excommunié comme un bréviaire à la page déchirée.

~

— J'ai un malaise fou ce soir, Tania. Les étoiles me rendent mélancolique.

Le sable est chaud, la plage, déserte. Il y a bien quelques promeneurs, sans plus. Mahité et Tania sont adossées au même cocotier, comme pour boire ensemble la même sève vitale.

— Je sens un appel étrange, un appel de détresse. Je suis folle, ma foi !

Mahité était fiévreuse depuis quelques jours et Tania l'avait convaincue d'aller respirer l'air salin pour se refaire des forces.

— C'est fou ! J'entends son souffle. Pas la plainte bestiale des hommes qui se sont payé mon corps pendant toutes ces années. Non ! Un souffle subtil comme un frisson, qui porte des mots déposés au creux de mon être sans qu'aucun son n'émerge de sa bouche. Un souffle duquel j'ai entendu « Mahité, tu es tellement belle ! » Toute ma vie, pendant que des ogres me dévoraient, j'ai savouré ces mots-là comme une feuille de menthe poivrée : juste ce qu'il faut de picotement dans la gorge, et d'un tel apaisement par la fraîcheur qu'ils procurent.

— Mais de qui parles-tu, Mahité ?

Mahité recroqueville ses jambes pour en faire un accoudoir sur lequel poser sa tête fébrile. Le clapotis des vagues sur les voiliers accostés tout près la berce tendrement. Des larmes douces et calmes comme la tiédeur de la nuit la visitent. Des larmes de fièvre ? De pardon ? Elle veut se pardonner sa vie étrange… Elle n'a pas cueilli de fleurs comme elle l'avait dit à Noé ce soir-là, dans la cuisine chez Colette.

— Colette m'avait invitée à me joindre à son groupe d'amis vendredi soir pour tenir compagnie à son cousin. Colette, c'était ma copine avec laquelle je jouais du piano à la salle de récréation après le repas. Quelques filles appréciaient nous entendre exécuter des morceaux à quatre mains et juste avant l'appel de la cloche, nous nous lancions dans un *jam* fou et débridé. Toutes requinquées, nous pouvions endurer les quelques heures de cours ennuyeux de l'après-midi.

Noé était déjà là quand je suis arrivée. Alors que les trois autres couples dansaient au milieu de la cuisine, lui et moi nous sommes mis à jaser. De tout et de rien d'abord, puis peu à peu nous avons appris à nous connaître, à comprendre d'où nous venions, quels étaient nos intérêts. J'espérais devenir fleuriste ou herboriste. Je rêvais d'une vie étroite avec les essences florales. Lui hésitait entre la prêtrise ou joueur de hockey. Se prénommer Noé avait des conséquences lourdes; il était habité par le devoir de sauver les âmes tout comme Noé avait rescapé l'humanité. Il n'avait jamais analysé son prénom sous cet angle-là, me disant qu'on l'avait baptisé ainsi parce qu'il avait manqué le but d'à peine deux minutes pour s'appeler Noël. « Ah ! D'où ton désir de jouer au hockey » que je lui avais répliqué !

Noé n'était pas beau. En tous les cas, pas de prime abord. Il était comme les jeunes gens de son âge, boutonné d'acné, un grand gars effilé aux bras trop longs et à la pomme d'Adam proéminente. Pourtant… Ses yeux brillaient comme les étoiles de mon ciel natal. D'où sortait une intelligence sensible, respectueuse, posée.

Avec une assurance timide, il m'invita à danser. Un *slow*. *Love Me* de Polnaref fit tanguer l'arche de Noé qui m'amena ailleurs. Dans un bien-être, une complicité que je n'avais encore jamais vécue durant les deux années passées à Montréal. Et à un certain moment, au cœur de la nuit, au milieu de la mer, je me suis sentie enveloppée d'un souffle vibrant, rassurant, chaud et sensuel. J'ai entendu, sans la moindre sonorité apparente, « Mahité, tu es tellement belle ! »

Ce serait fou, tu ne trouves pas, d'être à nouveau en face de Noé ? Ce soir, j'ai le sentiment qu'il est là, juste à côté de moi, que nous respirons le même air, que nous sommes dans le même tangage.

Il est entré chez moi par mes yeux. Ses étoiles scintillantes se sont installées dans ma pleine lune. À tout jamais.

Ma vie est une parenthèse demeurée ouverte. Ma vie est une fleur gelée avant l'éclosion.

# Qu'apporte la lanterne à Diogène ?

Robin est le parfait adolescent mal adapté à son environnement. Sa chevelure boudinée tombant sur les épaules fait tourner les regards, une cotte de mailles le vêtirait mieux qu'un jean défraîchi et un coton ouaté à capuchon, il troquerait volontiers des bottes de sept lieues contre ses godasses qui l'enserrent trop. Ses goûts musicaux privilégient la musique celtique à celle de Michael Jackson. Son intérêt pour la mythologie déroute ses comparses qui préfèrent rouler à plein poumon au volant de l'auto paternelle, sinon de leur propre bolide. Robin converse avec les korrigans, implore les scarabées lumineux, sculpte des personnages farfelus, rêve de délivrer une princesse…

Robin est d'une autre époque, d'un autre style de vie.

Étudiant modèle et appliqué, présentant des travaux scolaires étoffés et convaincants, le brave héros ne s'en trouve pas moins à la mauvaise place au mauvais moment. Il échange parfois quelques bribes de conversation avec les autres gars de la classe, sans aller plus loin que les résultats des derniers matchs de hockey auxquels il n'accorde d'ailleurs aucune importance.

Toutefois, récemment, les yeux de Robin ont pris de l'éclat. Ils pétillent. Marianne lui a souri. Il sent germer une fleur au milieu de sa poitrine. Son cœur conquérant est ravi. Il a du mal à se concentrer sur sa dissertation : *Qu'apporte la lanterne à Diogène ?*

Au fil des jours, le sourire de Marianne irradie en voyant Robin et celui-ci gonfle le torse de plus en plus. Sirotant un jus de pomme à la cafétéria entre deux cours, Marianne questionne Robin sur son attrait pour la langue gaélique. Il lui parle du dernier disque de Julie Fowlis. Ils roucoulent. Ils s'empourprent. Leurs doigts s'effleurent, faisant retentir un savoureux cri du cor dans le cerveau des jouvenceaux.

Toutefois, le comportement de Robin intrigue Marianne. Elle décèle chez son prétendant un Louis-Cyr affublé d'un cœur d'enfant de cinq ans. L'imaginaire de Robin ne veut pas vieillir. Fidèle, il s'accroche aux contes de son enfance, tel un goinfre à sa pitance. Il s'investit dans des personnages comme si sa propre survie en dépendait, pour atteindre son ultime quête : sauver la princesse.

~

La mère de Robin avait lu les conseils judicieux d'un psychologue chevronné mettant en garde les parents qui enrégimentent leurs jeunes. Il faut, écrivait-il, laisser de l'espace aux adolescents, un lieu physique où ils peuvent se retirer, se retrouver seuls face à eux-mêmes pour explorer leurs fantasmes, alimenter leur idéal, faire vibrer leurs désirs. Depuis, Robin s'isole au sous-sol, laisse traîner ses vêtements, omet de faire son lit, ignore l'époussetage, et même, il vit à la noirceur s'il le désire. Sa chambre ressemble à une marmite gargantuesque dans laquelle bouillent ses élucubrations, ses chimères, ses fantaisies.

Robin et ses parents ont du mal à communiquer. Ceux-ci, terre-à-terre, perdus dans leur travail, motivés par le miroitement d'une vie meilleure à la retraite, passent peu de temps à échanger avec leur fils unique. De toute façon, leurs langages sont aux antipodes. Comment comprendre un Don Quichotte ? Que dire à un Shrek voulant secourir une Fiona ? Où trouver les mots justes lorsqu'un garçon d'allure normale se transforme en lutin pour éviter les recommandations de son père, les remontrances de sa mère ? Non. Chacun sa talle et les vaches paîtront en paix.

Ce soir, Marianne est invitée dans l'antre du jeune homme. Franchissant la porte de la chambre, elle croit entrer dans la caverne d'Ali Baba et craint d'être dévorée par Barbe-Bleue tellement le décor est insolite, la lumière, diffuse, la musique, ensorcelante. La donzelle cherche à se détendre en écoutant Robin décrire avec passion le maniement du couteau dans le bois pour façonner d'étranges personnages aux yeux curieux, aux sourires moqueurs, à l'allure débonnaire. Les quelques copeaux jonchant le sol témoignent d'une manipulation récente du ciseau. La soirée avançant, les tourtereaux se rapprochent, puis s'étendent sur le lit étroit du gaillard.

— Robin, je ne sais pas ce qui m'arrive. Les yeux me piquent terriblement, j'ai la gorge irritée. J'espère ne pas couver une grippe. On se reprendra. Je suis incapable de me concentrer et avoir du plaisir pour le moment.

Marianne quitte la couche. Les jeunes néophytes se rhabillent. Robin va reconduire sa belle comme le ferait un noble chevalier. Installée en amazone sur la barre métallique, la fragile passagère se laisse caresser par le vent tandis que Robin pédale vaillamment, dirige sa monture en contournant les arbres majestueux du parc, et roule à vive allure sur le sentier sinueux longeant l'étang. Ne manquent plus au tableau que de redoutables brigands; ils ne viendront pas.

Depuis ce jour toutefois, Marianne invective Robin, le soupçonne de lui avoir volé le bijou porté à son cou comme un talisman.

— As-tu retrouvé ma perle, ne cesse-t-elle de lui demander.

En effectuant des recherches, Robin heurte le pied du lit. S'ensuit un rosaire de jurons, laissant une mouche en suspens alors qu'elle gronde le fautif de ses grands yeux globuleux. Il se racle la gorge pour s'excuser.

Sautillant de douleur, se frottant vigoureusement le petit orteil pour en extraire le mal, il respire profondément en jetant un œil vindicatif à la patte du lit. Une vibration surprenante en émane. Il la scrute avec un peu plus d'intensité. « *Robin, penche-toi, regarde sous le lit* ».

De toute sa silhouette de garçon bourré aux vitamines, il s'allonge sur le parquet de la chambre et soulève délicatement la couverture. Une imperceptible lueur paraît à la tête du lit, si faible qu'elle ne capte pas encore le regard du voyeur. Robin plisse les yeux pour mieux scruter le décor.

En trois enjambées de main, il grimpe au sommet de la patte du lit qui a pris racine pour avoir trop baigné dans la poussière et s'est transformée en immense chêne. Au sommet de ce promontoire, il est éberlué par sa découverte.

Le sommier défraîchi du lit dessine un ciel sombre duquel s'échappent des lianes grises. Dans les pupilles ébahies de Robin se dessine une magnifique campagne semée de quelques feuillus et des genêts fleuris agrémentent le paysage comme le feraient les bouquets de persil sur une sole meunière. Une brume matinale subsiste, créant un climat de paix, de tranquillité. Le preux chevalier admire ce lieu féerique dont il n'avait jamais soupçonné l'existence.

Ses yeux habitués à la pénombre se font surprendre par un troupeau de moutons dévalant la colline pour traverser la plaine. Des moutons ! Gentils et moutonnés. Avec délicatesse, Robin laisse flûter son expiration en direction des bêtes qui s'agitent, s'agglutinent les unes aux autres en courant de plus en plus vite. Leur fuite les mène vers le rai virginal à la tête du lit.

Robin étire le bras. Les moutons s'affolent sous l'ombre de ce Gulliver. Ils se molletonnent pour faire taire leur peur du géant. Le prospecteur ne leur veut aucun mal, il tente d'explorer la caverne d'où provient la lumière. Sa main tâte, vadrouille le sol comme la mer caresse la plage. Telle une huître déposée sur le sable mouillé, une aspérité se laisse palper par les doigts chercheurs de Robin. Enfouissant le trésor au creux de sa paume, il ramène son bras vers lui, le sort de sous le lit, s'assoit sur ses talons et entrouvre la main.

Elle est là ! Éclatante. Perlée de nacre. Le doux talisman de Marianne bat en harmonie avec le cœur de Cupidon. Il est ému à en pleurer.

Transporté de bonheur en remettant la perle à Marianne, une avanie fouette Robin en pleine figure. Le visage de la mégère est fermé, de marbre. Sa voix tranche comme une guillotine.

— Tu es maboule, Robin, insipide, sans colonne vertébrale. Tu rêvasses comme un bambin. Hé, Pierrot, réveille-toi ! Sors de la Lune. Reviens sur Terre. Je n'ai plus rien à faire avec toi. Oublie-moi !

~

Un feu de dragon embrase Robin. Troubadour éconduit, il gémit comme une lyre mutilée d'une corde. Il a des vertiges. Son château de cartes s'est effondré.

*Tu n'as rien compris, Marianne Joly,* pense Robin tapi derrière un rideau de larmes. Renfilant, il poursuit sa réflexion : *Un jour, tu verras en direct sur tous les écrans de télévision le vaillant Robin D'Amours délivrer une belle princesse assoupie des griffes sanguinaires du monstre du Loch Ness. Tu regretteras de ne pas avoir été cette fée d'or à laquelle j'aurais insufflé mon prestigieux pouvoir de tendresse. Tu te mordras les doigts d'être passée à côté du preux chevalier qui voulait couvrir tes pieds d'une pantoufle de vair. Anéantie au fond d'une tour d'ivoire, tu pleureras toutes les larmes de ton corps pour avoir ridiculisé le panache de Cyrano, d'avoir ignoré Ulysse le valeureux. Je serai le héros adulé, celui qui soulève des montagnes par la force de sa créativité et l'exubérance de ses allégories. Je serai vivant et tu seras une femme ordinaire dont la platitude de la vie aura affadi les traits.*

— Robin, lâche tes rêves et sors les vidanges ! lance sa mère, du haut de l'escalier.

# Jubilation divine

Trois libellules s'activent avec passion en cette fin d'après-midi d'été. Plus tôt dans la journée, elles se sont baignées comme à l'accoutumée dans l'eau marécageuse au fond du parc, puis ont cueilli des graminées indigènes pour s'en faire des bouquets colorés et odorants. Dans le bosquet, à l'ombre des dards chauds du soleil, elles ont fait la sieste d'où est né un songe musical dans le sommeil de Béatude, la plus rêveuse du trio. Musicienne talentueuse vêtue avec élégance, elle se retrouve sur une large place urbaine et ses doigts, légers comme des ballerines, dansent sur les cordes de son instrument comme les funambules sur le fil de fer. Les passants, ensorcelés par les notes cristallines, se transforment en bulles de savon multicolores flottant au vent.

À son réveil, Béatude se remémore toutes les tonalités oniriques de sa vision qu'elle raconte à ses sœurs avec empressement. Lartia et Cousty s'en étonnent, se demandent comment Béatude a pu concevoir pareil fantasme puis se réjouissent. De nature exploratrice, les trois demoiselles font le serment de ne pas laisser une rêverie aussi fabuleuse sommeiller sous l'oseille.

Cousty, la plus hardie des triplées, échafaude des plans et s'entête à vouloir donner corps au rêve de sa jumelle. Elle sollicite l'aide de ses sœurs pour élaborer un voyage qu'elles feront au cœur de l'été, au cœur de la ville.

— Avez-vous déjà remarqué les fillettes déguisées en libellules lors du spectacle de danse de fin d'année ? On leur attache de grands voiles de tulle sur les bras et les petits rats imitent nos battements ailés en mouvements circulaires sur une musique céleste.

— Tu as raison, répond Lartia. J'ai déjà observé ces étranges créatures qui tentent de nous imiter avec un certain succès, il faut le dire, du moins si l'on en croit les applaudissements des parents pâmés devant leur progéniture.

— Est-ce que je comprends bien ton idée, Cousty ? rajoute Béatude. Non ! C'est trop drôle !

Les préparatifs sont ambitieux, enlevants, exaltants. Les trois libellules oublient même de dormir tellement la frénésie du projet les excite. Elles se répartissent le travail.

Lartia possède un talent fou de créatrice. Elle se rend chez Fée Mirage non sans crainte, car elle l'a déjà vue jeter un mauvais sort à une gamine qui s'était introduite chez elle par effraction. Fée Mirage avait alors pointé son grand fuseau vers la brigande et lui avait piqué la fesse gauche pour la faire galoper comme un cheval débridé. Quelques jours plus tard, toujours la larme à l'œil, la fillette était venue s'excuser de son méfait et Fée Mirage l'avait prise dans ses bras avec tendresse en signe de pardon.

C'est dans ses appartements de la grotte sous le grand chêne que Fée Mirage reçoit Lartia au matin d'une journée pluvieuse. La requête est exposée avec empressement à la fée un peu bougonne, ancienne cantatrice aux allures de diva : bijoux flamboyants, chapeaux extravagants, crinolines affriolantes, grands gestes théâtraux pour soutenir son propos, voix hystérique à faire trembler les montagnes.

— Marché conclu, fait-elle dans un rire fantasmagorique, à la condition de devenir votre impresario.

Offerts par Fée Mirage, Lartia retourne à la maison les bras chargés de tissus soyeux aux coloris vifs. Très vite, elle se met à la tâche de confectionner de splendides toilettes ajustées au corsage et dont les larges manches à pans rappellent les ailes des odonates.

Toujours à l'affût, Cousty entend la rumeur que d'étranges fibres dorées comme de la tire Sainte-Catherine ont recouvert les champs avoisinants. D'un pas alerte, elle se dirige vers le coteau et revient comblée par sa récolte de cheveux d'ange. Aussitôt, elle les enfile autour d'une couronne ornée de fleurs cueillies sur le chemin du retour pour en faire de magnifiques perruques ondulées.

Béatude ne cesse de se balancer à tout vent, fredonne les airs vibrant dans sa tête pour ensuite les incruster avec délicatesse sur des fils d'araignée tendus sur des champignons séchés. Voilà de nobles Stradivarius se dit-elle, ravie et souriante.

~

Fée Mirage tape du pied, impatiente. Ses émules tardent à arriver. Elle juge vraiment indécent de faire attendre les badauds qui semblent moins frustrés qu'elle, cependant. Leur dimanche est consacré au bon temps, à la nonchalance, au seul plaisir de marcher lentement dans les rues du quartier, à lécher les vitrines, à s'arrêter pour boire un jus, à rire et à échanger les dernières nouvelles. Le soleil est radieux, la lumière inonde la place, enveloppante comme l'écrin d'un bijou ambré. Enfin, Béatude, Lartia et Cousty apparaissent au regard courroucé de l'impresario qui pointe son fuseau menaçant. Béatude et Lartia, apeurées, rentrent la tête dans leurs épaules. Les poings sur les hanches, Cousty s'ancre devant Fée Mirage et la fixe droit dans les yeux.

— Comme je sais que tu n'accepteras pas notre alibi, je vais simplement te dire que Béatude s'est pris le pied dans l'ourlet de sa robe.

— Ne m'insulte pas, Cousty, répond Fée Mirage d'une voix de coloratura. Quelle est la raison de votre retard ?

— Et bien Béatude, toujours elle, rêveuse, la tête dans les nuages et le cœur enflammé, a rencontré Toubi, un chaton de ruelle au pelage gris, et leurs regards se sont croisés. Toubi l'a prise dans sa gueule pour la faire valser sur sa langue jusqu'à étourdissement. Notre chère Béatude en raffolait. Avec l'aide de Lartia, nous l'avons tirée jusqu'à nous pour la ramener à la raison. Lartia lui a rappelé que nous étions attendues pour notre prestation.

— Trop romantique comme excuse, répond Fée Mirage, outrée. Qui dit mieux ?

Lartia se faufile rapidement dans la conversation pour prêter main-forte à Cousty qui, avouons-le, n'est pas douée pour les histoires.

— En fait, Fée Mirage, nous avons pris le bateau entre Lévis et Québec, espérant une traversée plus rapide et moins mouillante pour nos tenues de concert. Mais, malheur, un terrible petit garçon a donné un coup de pied au sac vide qui gisait sur le plancher du pont et dans lequel nous avions trouvé refuge pour éviter d'être piétinées. Le vent s'est emparé du sac, l'a fait tournoyer au-dessus du gamin qui, cette fois, lui a

L'avant-midi, j'allais avec Grand-maman à la cueillette des petites baies sauvages. Nous revenions, les paniers chargés de framboises et de bleuets, et la gamine en croissance dévorait les savoureuses tartes gorgées de fruits juteux.

Grand-maman m'ouvrait parfois un grand coffre de cèdre endormi dans le grenier, duquel sourdaient des souliers à talons hauts, des bijoux, des châles et des robes. Je passais des heures à jouer à la « madame ». Je me souviens du jour où mes grands-parents étaient venus prendre le thé dans mon royaume. J'avais enfilé de longs gants beiges, et un chapeau décoré d'une fleur séchée s'était juché sur ma chevelure brune. J'avais installé la porcelaine sur la table habillée de soie rose. (Chut ! Ils ont cru dur comme fer que c'était une nappe, mais c'était un jupon.)

Parfois, assise, les pieds dans l'eau à regarder les nuages, je voyais maman. Non, je ne m'ennuyais pas d'elle. Je rêvais juste au jour où je lui offrirais une chaise berceuse pour la délivrer de sa machine à coudre. Son corps tanguerait sur les airs d'amour fredonnés à son beau Samuel lové au fond de son cœur plutôt que de le deviner derrière les vitres enfumées, en pédalant de rage sur sa Singer. Elle me portait dans ses entrailles lorsque Papa s'est retrouvé emprisonné sous une galerie effondrée de la mine. Ça n'a jamais été le grand amour entre Maman et moi. Poupon au berceau, mes larmes de faim de vivre se mêlaient à celles de sa détresse. L'une et l'autre, nous étions abandonnées, insatiables, meurtries.

Je reviendrais sur la terre ferme à la mi-août, juste à temps pour ajuster ma tunique noire et ma blouse blanche – j'aurais pris un sérieux coup de croissance au cours de l'été –, trouver une paire de souliers à ma taille au comptoir de la Saint-Vincent-de-Paul et faire couper mes cheveux avant la rentrée scolaire.

À mon retour, je raconterais à Jovette mes vacances heureuses avec mes grands-parents ; elle s'en étonnerait, ne comprenant pas mon bonheur à passer des journées entières avec deux vieux. Ça m'offusquerait ! Mes grands-parents n'étaient pas vieux ! Ils étaient doux, sereins, accueillants, bienveillants. Leurs yeux posés sur moi m'enveloppaient d'une profonde sécurité.

Je grandissais. Je n'étais plus une petite fille. Maintenant pubère, je pouvais accompagner Grand-maman à la maison du mystérieux personnage. En plus de faire l'entretien de ses vêtements et du manoir, Grand-maman cuisinait les repas de monsieur Châteauban. Elle venait de déposer un bol blanc rempli d'une soupe aux légumes fumante devant le châtelain et je plaçais une corbeille de bon pain de ménage sur la table, près du beurrier lorsque monsieur Châteauban a posé ses yeux sur moi comme on tourne la première page d'un livre d'art : recueilli, ému, chaviré. Les orfèvreries délicates, les pierreries étincelantes, la subtilité des fils d'or dans les tapisseries abreuvent un amant de l'art autant que les carottes, panais, navets, choux et oignons peuvent nourrir une jeune fille en croissance.

— Qui es-tu, jolie demoiselle ?

— Je m'appelle Nadège, ai-je répondu, étonnée.

— Mais c'est incroyable ! Ma grand-mère se prénommait Nadège ! Quel est ton âge ?

— J'ai 13 ans, monsieur Châteauban.

— Hier matin, en me rasant, j'ai entendu une voix flûtée réciter *Sous les brumes, un train…* C'était toi ?

— Oui. Vous avez si souvent déclamé ce passage : la déchirure métallique des roues sur les rails. Quand j'étais plus petite, cette sonorité m'effrayait, m'horrifiait. En jouant moi aussi avec les sons, j'ai vraiment senti vibrer cette déchirure en moi, le hurlement de l'acier contre l'acier.

Cruch tikirikiti, Cruch tikirikiti, Cruch tikirikiti

Monsieur Châteauban m'avait invitée à m'asseoir et à partager mon repas avec lui. Il m'avait fait parler de l'école, de mes frères, de maman qui coud. Il m'avait dit combien il appréciait mes grands-parents, des gens généreux, simples et vaillants. Il m'avait raconté son chez-lui, en France. Il vivait dans un château, petit certes, mais un château dont il occupait trois pièces : son bureau pour écrire et travailler, le salon pour écouter de la musique et sa chambre pour dormir. Il était professeur de littérature dans un lycée et adorait se retirer dans son château, car il n'aimait pas le monde. Il préférait les livres, les mots, les sons.

Ce fut mon dernier été sur l'Île Frissons. Mes grands-parents l'avaient quittée l'automne suivant, Grand-maman ayant été victime d'une embolie pulmonaire.

Un jour, marchant dans la forêt, j'avais cru reconnaître monsieur Châteauban, un faux-tremble aux grandes branches minces et décharnées, la peau un peu ravinée. J'avais eu envie de revoir l'île. La nacelle n'y était plus. Le manoir tombait en ruine; la végétation indisciplinée envahissait le décor. Qu'était devenu monsieur Châteauban ? Était-il un poète en chair et en os ou était-ce un arbre chantant avec le vent ?

~

Je regarde Grand-mère du coin de l'œil et je comprends. C'est une fabulation, sa dernière histoire. Le sortilège n'agit plus.

Les yeux de Grand-mère ont quitté le jour, sa voix de conteuse s'est éteinte.

J'ai le chagrin gros comme un grain de beauté sur une joue insulaire. Je suis une Île Frissons à deux volants. Les eaux bleutées, calmes et limpides apaisent ma peine. Le volant impétueux du courant déchire le voile de mon insouciance et me plonge dans l'amertume de la vie. Les roues métalliques du vide lacèrent mon âme endeuillée.

Je ne crois plus au Père Noël, ni aux histoires de grand-mères !

Youmna Boustani

# Nue et toute mouillée

Moi aussi, il m'arrive d'avoir des journées « bof ! ». Malgré mes airs de « superwoman », moi aussi, je peux dire que j'ai des journées où j'en ai ras le pompon !

Tout a commencé au matin. J'attendais avec impatience une réponse à la suite de l'entrevue que j'avais passée et à laquelle je m'étais donnée corps et âme. Les ongles que j'avais miraculeusement réussi à faire pousser viennent d'en prendre un coup. Finalement, on m'annonça qu'il ne s'agissait pas d'un non définitif et que je devrais encore attendre deux semaines avant de savoir si j'avais eu le poste, ou non.

Deux semaines, c'est long. C'est long parce qu'on m'avait dit que j'aurais ma réponse aujourd'hui. Pour un début de journée, c'était franchement raté. En plus, dehors il ventait tellement fort que les arbres menaçaient de nous tomber dessus. Les choses étant ce qu'elles sont, choses que je ne peux d'ailleurs pas changer, j'ai voulu prendre une douche et oublier tout ça. Mais lorsque j'y suis rentrée, ô surprise, l'eau était froide.

La rage m'a prise.

— Saloperie ! Je vais péter les plombs !

Je me suis rhabillée en me disant que plus tard dans la journée, la majorité des gens de l'immeuble en auraient terminé avec leur bain et que j'aurais ma chance.

— Foutue de journée !... Et mal partie !... Que pouvait-il m'arriver de pire ?... Bof !

À quinze heures, j'avais mon examen de conduite théorique qui m'attendait. Il fallait que je me calme et que je reprenne mes esprits. Surtout que ça faisait plus de trois ans que j'essayais d'en terminer avec cette histoire de permis.

J'ai regardé dehors et vraiment, mais vraiment, j'avais peine à y croire. Tout y était. Le vent, la pluie, les parapluies qui ne tiennent pas le coup : la totale ! J'avais envie de pleurer, de me tirer les cheveux et de taper du pied comme je savais si bien le faire étant petite. L'envie d'annuler le rendez-vous et payer la pénalité m'a sérieusement chatouillé l'esprit. Mais j'ai pu résister à la tentation et je suis restée dans mon coin à bougonner toute seule – ça ne fait de tort à personne, ça ! Et je trouvais franchement que je le méritais, ce « bougonnage » individuel, puisqu'en considérant le déménagement et les plages de travail qui n'étaient toujours pas attribuées, c'était le seul moment où je pouvais l'accomplir ce devoir sans risquer un conflit d'horaire. Autrement dit, je ne pouvais pas remettre ce rendez-vous. De la merde, quoi !

Après lui avoir fait les yeux doux, mon frère, gentil mais ennuyé, accepta de m'accompagner. Enfin, un sourire apparut sur mon visage. Je me suis préparée, j'ai enfilé mes bottes de pluie, prit mon parapluie et attaché mon manteau.

— Allez le frère, on y va ! (Le pire qui pouvait m'arriver étant que je le coule encore, cet interminable et pénible examen théorique. Mais si vous saviez !)

Une fois dehors, ce ne fut l'affaire que de quelques minutes pour que les bottes de pluie se remplissent d'eau et que les chaussettes réagissent.

Flip, flop !

Flip, flop !

Flip, flop !

C'est alors que j'ai réalisé que les bottes et le parapluie ne servaient à rien, et que mon frère se moquait de moi. En effet. Qui d'autre, croyez-vous, met des bottes les jours d'orage ? Personne !

En montant dans le bus, j'ai été assaillie par la forte odeur d'humidité et de renfermé qui s'y installe ces journées-là et je me suis demandé si je n'étais pas en train d'endurer tout ça rien que pour avoir la chance de le couler, cet examen, encore une fois. Oh ! Le pauvre petit commis de la SAAQ qui va devoir supporter mon humeur !

Comble de bonheur, en descendant de l'autobus, nous avons eu droit à la plus belle des douches. Mère Nature a fini le travail en nous trempant jusqu'aux os et pas besoin de vous parler de l'état de mes pieds. Ils ont eu droit à toute une baignade, laissez-moi vous dire.

Enfin la SAAQ !

Et le super accueil du garde de sécurité !

Pourquoi ils emploient des muets ? (Je voulais être polie, ici.)

Toute tentative était vaine, il refusait d'écouter. Il ne savait que pointer du doigt la file d'attente d'à côté.

Oh là ! Que mon sang bouillonnait !

Je n'ai pas pu résister à la tentation. Je me suis arrêtée pour le fixer droit dans les yeux. Inquiété par mon air et mon silence, il m'a observée un moment. Puis il a reçu le plus beau et le plus sec des mercis que je n'ai jamais donné auparavant.

Je n'ai pas besoin de vous faire un portrait à la Kafka. Vous connaissez la bureaucratie et son système. Comme dans les *Douze travaux d'Astérix*, j'ai eu droit à trois différents numéros appelés sur un écran rouge dans une salle où le « gentil » garde de sécurité s'assurait que personne ne reste debout. Finalement, la dernière personne m'annonça qu'on allait me nommer et qu'à ce moment, je devrais me rendre dans la salle d'examen pour faire mon test. Bon, si c'est ça le système, pas de problème. J'avais presque hâte de les entendre déformer mon nom.

Pour être tout à fait honnête, je dois mentionner que je n'ai pas trop attendu. Pas trop, on s'entend ! Je ne suis pas rentrée à l'heure prévue puisque prendre rendez-vous avec eux, c'est un principe et non pas une finalité. On m'a appelée (en me nommant presque correctement) et je suis entrée en classe en me disant que je devais réussir douze questions sur seize, que je l'avais fait cinq ans auparavant et qu'il n'y avait aucune bonne raison pour que je ne sois pas capable de le refaire. La préposée me rappela que j'avais une heure et me souhaita bonne chance. Sympa.

Une vingtaine de minutes plus tard, je réussissais non seulement l'examen, mais j'en sortais triomphante malgré qu'il n'y eut rien de très valorisant dans ce que je venais de faire. Pourtant, l'espoir pointait le bout de son nez. L'ayant passée dehors, sous la pluie, dans des chaussures trempées, j'étais contente de pouvoir finir cette journée sous la douche tant attendue. Mais une fois sous la douche :

— Aargh !…

Quoi de plus frustrant que d'attendre, d'attendre et d'attendre que l'eau se réchauffe. Parce que l'eau, elle, elle coule sans problème. Mais elle est froide et même glaciale.

Mais bon Dieu ! Est-ce que j'aurais trop juré dernièrement pour être punie de cette manière ? Est-ce que j'aurais fait tomber une pauvre petite madame sur mon chemin sans m'en rendre compte ? Ou est-ce que cette journée serait du karma non volontaire ?

Pis encore. La visite du plombier, à 80 $ l'heure, nous a appris que notre chère douche était brisée et que nous devrions la faire réparer. Alors, des journées comme celle-là, je préfère les oublier, considérer qu'elles n'ont jamais existé.

J'exige d'ailleurs des lendemains de gâteries. Le resto, le pouponnage, le magasinage et les dépenses qui font sourire et sur lesquels je peux me concentrer en allant me coucher avec l'espoir de ne pas trébucher sur quelque chose qui risque de me paralyser. Alors je peux rêver être nue et toute mouillée sur la plage, étendue sur le sable chaud.

Quant à ma douche, je l'ai prise chez le voisin.

# Quatre minutes de détente

— Papy ! Papy ! Papy ! Raconte-nous ton histoire !

— Laquelle ? Pas encore celle où ma belle Mamy est tombée dans les pommes ?

— Ouiiiii !

— Vous ne vous en lassez jamais alors ?

— Non, non ! Encore, encore !

Les quatre enfants se regroupèrent autour de leur grand-père.

— Vous savez les enfants, dans le mot « relâche » on attache la notion de relâchement, de relaxation, de repos. Eh bien, ce jour-là, ce ne fut pas le cas pour Mamy.

Les enfants étaient maintenant tout ouïe.

— C'était à l'époque où nous allions à l'université. Nous étions en semaine de relâche. Je n'étais pas très solide sur pieds, je m'étais gravement blessé au genou et ça faisait déjà deux ans que j'attendais mon opération. Le jour venu, j'avais besoin de la présence de Mamy, mais elle était malade comme un chien.

La plus vieille soupira.

— Vous savez, les enfants, la douleur était si vive dans son corps qu'elle prenait des médicaments aux quatre heures, montre en main. Imaginez combien elle m'aimait pour me suivre quand même à l'hôpital. Son nez était tellement rouge que j'aurais cru voir une boule de Noël à sa place…

Papy sourit à l'idée d'entendre rire les plus jeunes qui s'esclaffaient chaque fois qu'il arrivait à ce passage. Lorsqu'ils s'éclatèrent, il prit un peu de temps pour rire avec eux.

— La veille, reprit-il, elle était venue dormir chez moi. Nous devions être à l'hôpital très tôt le lendemain. J'aimais me faire chouchouter et je me plaignais sans cesse parce que je ne pouvais ni manger ni boire, alors que Mamy devait se gaver de soupe et de liquide comme toute personne enrhumée doit le faire.

Les garçons, plus gourmands, secouèrent la tête en l'écoutant.

— Je ne pouvais pas fumer non plus. Et comme ça a fait plaisir à Mamy de ne pas sentir l'odeur du cigare ! La seule journée où je n'ai pas fumé près d'elle. Elle m'en tape encore les oreilles. Elle a la mémoire longue votre Mamy.

Papy rit de bon cœur en entraînant les enfants avec lui.

— Nous nous étions couchés très tôt et nous avions mis nos réveils pour 5 h 30, le matin. Non seulement fallait-il se lever tôt, mais fallait-il encore pouvoir se coucher et dormir ! Elle avait passé la soirée à tousser tant elle était malade. Voilà pourquoi je suis dur d'oreille aujourd'hui...

La blague fit sourire Mamy qui, non loin de là, les écoutait.

— Au moment où j'ai finalement réussi à m'endormir, le réveil a sonné. Et Papy, le matin, il est grognon... De plus, mon père nous attendait déjà sur le pas de la porte. Il était frais et dispos, et une chanson d'Aznavour retentissait très fort dans la voiture. C'en était trop ! Non seulement Mamy avait toussé toute la nuit, mais voilà que mon père me cassait maintenant les oreilles. Et pourtant, c'était moi qui les voulais près de moi !

Les enfants anticipaient la suite et riaient déjà.

— Nous sommes arrivés à 6 h 30 à l'hôpital et, comble de malchance, pour nous faire dire que le bloc opératoire n'était pas encore ouvert. « Attendez ! » ai-je dit. « Vous nous demandez d'arriver à 6 h 30 alors que la salle d'opération n'est pas prête ? » « Oui, monsieur » m'a simplement répondu l'interne. « Ah ! » ai-je argué. J'étais si étonné, c'était tellement illogique, que je n'ai rien trouvé d'autre à dire. Finalement, une heure trente plus tard, on me donnait un lit. Il était temps. Ni mon père ni ma douce n'auraient pu supporter mon impatience encore longtemps.

Mamy jeta un coup d'œil par-dessus son épaule. Un sourire irradiait son visage.

— Ils sont allés déjeuner. Faut dire que le café d'hôpital est infect. Ils ont attendu quatre heures avant de me voir réapparaître sur une civière.

La gentille infirmière m'a reconduit à la salle de repos et, parce que nous n'avions droit qu'à un seul visiteur, mon père nous a laissés ensemble. J'avais la parlote facile. Je ne reprenais même pas mon souffle ! Je lui ai tout raconté. Tout, tout, tout en détail : les piqûres, mes nausées, mon évanouissement. Je lui ai raconté que j'avais regardé l'opération au complet à travers un écran et que j'avais même vu l'intérieur de mon genou. La totale quoi ! C'est alors que la gentille infirmière m'a pris la main et m'a gentiment demandé de me calmer. « Mais je suis calme, madame. Pourquoi vous me demandez de me calmer ? Je suis très calme, moi ! Pourquoi je devrais arrêter de faire la conversation ? Hein ! »

Les enfants se tordaient de rire.

— « Monsieur, vous êtes sur la morphine et ce sont des effets secondaires » m'a-t-elle dit avec un sourire. Entre-temps, vous auriez dû voir la tête de Mamy. Elle était malade comme un chien et elle ne supporte pas entendre parler du corps humain. C'est une vraie torture pour elle. Si vous pensez qu'elle a déjà rêvé devenir médecin, vous êtes vraiment dans les patates ! Elle blanchissait à vue d'œil, la pauvre.

Les enfants se tournèrent un instant. Mais leur grand-mère était occupée au jardin.

— Ceci dit, pendant que je m'obstinais avec l'infirmière, Mamy fut prise de vertige et de nausée. Elle a à peine trouvé la force de me pointer du doigt que… Paf ! Elle tombait dans les pommes et les infirmiers se ruaient sur elle. Moi, sur la morphine, j'étais prêt à me débrancher de tout pour la secourir. Je me sentais en super puissance… Les infirmiers criaient son nom, mais elle était vraiment partie. Ça lui a pris quatre minutes et je dirais quatre longues minutes, les enfants, avant qu'elle ne se décide à ouvrir les yeux. Mais là, elle ne comprenait rien. Qui étaient ces deux types au-dessus d'elle ? Qu'avaient-ils à crier son nom ? Je le voyais dans son regard, elle était prête à leur flanquer deux bonnes claques… hi, hi !

Papy aimait bien ce passage.

— Ce qui la dérangeait le plus, je crois, c'est qu'on venait de lui voler ses quatre petites minutes de détente. Puis, petit à petit, elle a commencé à réaliser ce qui venait de se passer. Et hop ! Avant d'avoir eu le temps de reprendre tous ses esprits, on la soulevait pour la coucher sur un lit et, zoom ! à l'urgence.

Pendus à ses lèvres, les enfants ne respiraient plus.

— Tout le monde à l'étage était au courant de l'événement. Comme si ça avait été le scoop de la journée. En roulant vers l'urgence, elle a dégobillé le peu de liquide qu'elle avait réussi à prendre les derniers jours et on l'a bombardée de questions : « Avez-vous mangé ce matin ? Oui. Êtes-vous enceinte ? Non. En êtes-vous certaine ? Oui. Avez-vous mal à la tête ? Je viens de tomber sur la tête ? Je veux dire, bien sûr que j'ai mal. Que s'est-il passé ? J'ai eu droit à quatre minutes de repos ! Madame ? Je me suis évanouie en écoutant mon copain me raconter les détails de son opération. »

Papy ricanait. Le souvenir était encore frais à sa mémoire.

— Une fois la paperasse complétée, accompagnée de mon père qui avait maintenant deux personnes à l'hôpital, ils l'ont amenée dans une petite salle isolée par un simple rideau où elle a eu droit à une batterie de tests. On lui colla des ventouses partout sur le corps et on les rattacha à tout plein de machines. Mais tout ce que Mamy voulait était de retrouver ses quatre petites minutes de détente alors qu'on lui interdisait de dormir. Il a fallu trente longues minutes avant qu'un médecin ne vienne la voir. Elle tenait à peine en place. Elle aurait tout arraché.

— Pas drôle, clama alors la plus vieille.

— Non, pas drôle. Surtout quand le médecin recommença avec les mêmes questions : « Avez-vous mangé ? Oui. Êtes-vous enceinte ? Non. En êtes-vous certaine ? Je vous dis que je ne suis pas enceinte ! On ne sait jamais, mademoiselle. Avez-vous mal à la tête ? Non, tout est parfait. Que s'est-il passé ? J'ai eu droit à une horrible description d'une opération au genou et mon corps ne l'a pas supporté. Je ne crois pas que vous pourrez devenir médecin un jour » a-t-il rétorqué d'un air amusé. En fin de compte, Mamy n'avait souffert que d'une simple petite chute de pression. Nous étions un couple vraiment spécial. Imaginez-vous, Papy rentre à l'hôpital, mais Mamy lui vole la vedette. Mon père se moque encore de nous… hi, hi !

# *Philosophie étudiante*

J'ai étudié plusieurs années à l'université. Ces derniers temps, c'est avec recul que je me suis amusée à relire ces pensées philosophiques qui voulaient tout et ne rien dire. Voici un regard, une ingérence des pensées d'une universitaire. Bien sûr, je me suis permis de modifier certains passages pour insérer une touche humoristique dans ce beau, et parfois si snob, passage de la vie : l'université…

~

C'est un art d'être étudiant et il commence avec l'art de maîtriser la procrastination. Au moment où j'écris ces quelques mots, je devrais être en train d'étudier pour un de mes examens. Vous connaissez sûrement l'expression « pourquoi faire aujourd'hui ce qui peut être fait demain ? », puis celle des parents qui répondent systématiquement « si tu pensais le faire demain, pourquoi pas aujourd'hui ? » Si ce n'est pas ça être étudiant, ce serait quoi alors ?

Être étudiant c'est également se voir attribuer le statut de mesdames et de messieurs. Il y a des étudiants étrangers, des étudiants locaux, des étudiants célibataires et finalement des étudiants en couple, comme moi. Évidemment, chaque statut a ses propres bénéfices. Les étrangers ne s'attachent pas facilement et sont rarement en couple. Un étudiant local célibataire l'est souvent par choix. Après tout, il a beaucoup plus de liberté, si vous voyez ce que je veux dire : les sauteries universitaires sont bien connues maintenant. Puis, il y a les locaux en couple, comme moi. Ça fait plus de cinq ans que je suis avec lui. Un amour d'adolescence qui s'est ancré avec le temps. Ça fait treize ans que nous nous connaissons. Ouf !... Un frisson vient de parcourir mon dos.

Être la deuxième d'une famille de quatre enfants a parfois des avantages. Non seulement la grande sœur ouvre souvent le chemin en cassant la glace sur tous les sujets, mais elle m'a permis de devenir tantine (sans être mère moi-même) de trois petits bouts de choux adorables et à croquer ! Bon, je suis peut-être « local », mais je viens d'ailleurs. Et en ce « ailleurs », la grande sœur a décidé d'y retourner. Je ne peux donc plus gâter facilement mes bouts de choux. Être étudiante ne rapporte pas. Ce n'est pas le métier le plus payant. Les vrais voyages, quand ils se font, ils se font rares.

Être la deuxième d'une famille de quatre signifie inévitablement que j'ai une famille. C'est impressionnant ce qu'un raisonnement universitaire peut faire, n'est-ce pas ? N'oubliez pas, nous sommes la… relève ! Ceci dit, ma famille, comme toute autre famille normale sur cette planète, n'est pas une famille normale. J'ai partagé son toit durant vingt-quatre ans, aux côtés d'un petit frère et d'une petite sœur diaboliques. Ils portaient en eux cette réserve d'énergie incontrôlable qui se déchaîne toujours au moment où vous vous y attendez le moins. Et quand vous avez une tonne de lecture qui vous tombe dessus dès la deuxième semaine des inscriptions, les entendre crier donne des envies meurtrières. (Dieu, ayez pitié de moi !) Et vive les cafés qui ouvrent tard ! Un jour, les plus jeunes deviendront eux-mêmes universitaires. Peut-être comprendront-ils alors.

Être étudiant veut aussi dire passer des heures incalculables à se poser des questions existentielles. Faut bien le faire, ce travail, pour la société, non ? Quand on sonde la majorité étudiante, nous ne découvrons que des non-croyants. N'empêche que nous insistons tous en déclarant que nous tenons et que nous croyons en nos valeurs. Somme toute, pouvons-nous affirmer que chaque étudiant possède sa propre religion ? (Note à moi-même : mettre un droit d'auteur sur cette dernière phrase, je ne la comprends pas trop, mais elle sonne drôlement philosophique.)

Pourtant, ma vie est inimaginable hors de l'université. Après mon diplôme, je ferai un certificat, et après ce certificat, je ferai ma maîtrise. Et qui sait, après ma maîtrise, peut-être ferais-je un certificat de niveau maîtrise. Il est dit qu'il faut avoir de l'ambition dans la vie. Et puis, de toute manière, quand on sort de l'université, on finit toujours par ne pas travailler dans le domaine que l'on a étudié. Vive l'ironie ! Je suis perdue, là !

Autre étape inévitable de la vie universitaire, la diète. Quoique je ne raffole pas de la viande, je ne suis pas végétarienne, loin de là. Et j'ai beau chercher, je ne les trouve toujours pas, mes kilos en trop. Est-ce un symptôme estudiantin ou est-ce une simple maladie passagère ? Les meilleurs « snacks » pour les séances d'études, qui se terminent souvent à deux heures du matin (dérivé de la procrastination) sont les chips, les réglisses salées, le maïs soufflé et les décalitres de café. Si jamais vous en arrivez à vous demander d'où provient votre habitude « caféinomane » matinale, cessez de rejeter la faute sur vos enfants et regardez plutôt votre passé universitaire. L'étudiant doit se fondre dans un stéréotype social. À une certaine époque, le béret et le foulard en donnaient l'image parfaite. Au 21e siècle, le foulard multicolore est peut-être toujours de mise, mais le béret a pris le bord. C'est le café à la main qui l'a remplacé. Pourtant, dans ces grands auditoriums aux centaines de places, nous finissons tous par nous endormir sous les projections « Power Point » de nos professeurs.

Le social ! Revenons-y parce c'est super important, le social ! Les *Dance Clubs* ne font plus les soirées, une fois à l'université. Bien sûr, classe à part maintenant, nous préférons fréquenter les *lounges* et les bars. La différence ? C'est que nous sommes considérés comme des habitués et que nous avons droit à des 4 à 7 qui ne se terminent qu'aux petites heures du matin. De plus, nous pouvons socialiser – et surtout philosopher – puisque nous pouvons nous asseoir à des tables. La ressemblance ? Comme dans les *clubs*, nous tentons tous d'impressionner le plus possible par notre allure la plus pouilleuse possible (la Faculté des sciences sociales, vous comprendrez ?) afin de paraître le plus anti-sociaux possible. Puis, nous nous retrouvons tous dans des endroits où la musique joue tellement fort, où nous devons crier pour nous comprendre et d'où nous revenons tous avec la même laryngite pour le prouver.

Le métier d'étudiant, c'est un métier de pauvre, nous l'avons déjà établi. Le travail à temps partiel apporte à peine de quoi survivre. Les sessions à payer, les manuels à acheter, le transport à assumer, le strict nécessaire personnel et la vie sociale (voir paragraphe numéro huit de cet énoncé) sont amplement suffisants pour que la paye y passe. Ah ! Tiens. Ça explique peut-être l'allure pouilleuse.

Nous, étudiants, vivons dans l'extrême. Rien n'est gris. Il y a deux clans : les pessimistes et les optimistes. Puisque rien n'est vraiment dosé, les pessimistes sont plutôt de tendance sociale, révolutionnaires, présents à toutes les manifestations et sont capables de vous prédire une fin du monde normale à travers une théorie néo-socialiste européenne. Les optimistes se rangent du côté des néo-démocrates, sont avares et plus souvent qu'autrement bien nantis. L'Amérique du Nord est la nouvelle référence sociale et preuve de réussite. Vive la diversité !

Un étudiant est une personne qui rêvasse énormément. Si vous vous souvenez du sixième paragraphe, je n'ai pas besoin de revenir là-dessus. Nous n'avons pas beaucoup d'argent (j'en ai aussi parlé, deux paragraphes plus haut), mais nous trouvons toujours le moyen de voyager d'un pays à l'autre et d'une université à l'autre afin de vivre nos rêves. Ah ! J'oubliais. Le *Kraft Dinner*, notre dîner de luxe. Ajoutez-y du bacon, c'est un délice !

En tant qu'étudiante locale mais d'origine, se trouver une identité n'est pas facile. Je ne suis pas Libanaise, je ne suis pas Canadienne, je ne suis pas Québécoise, mais je suis Montréalaise aux multiples origines. Imaginez ce qui arrive quand on vous sollicite pour adhérer à des groupes sociaux étudiants ! L'enfer ! Faut bien pouvoir alimenter son social, n'est-ce pas ? À travers quel comité, quel rassemblement ? Dures, dures, les décisions universitaires !

Nous aimons penser que nous sommes libres et que nous faisons bouger les choses. Ne sommes-nous pas l'espoir de demain ? Toute génération étudiante a droit à son « Mai 68 », à sa manière. Je suis une étudiante de la génération Y. Je n'ai pas connu la menace de la Guerre froide, mais je n'ai pas connu la société sans la menace du sida. L'écologisme, l'environnement et les communications Web 2.0 sont les affaires de ma génération. Qui n'a pas son « blog » de nos jours ?

Oups !

Un cellulaire vibre sur le bureau à côté de ma feuille. Une image s'affiche sur l'écran et un nom apparaît.

— Allo ? Salut Mag ! Si tu savais ! J'ai deux examens cette semaine et j'ai encore rien commencé. J'en ai tellement pas envie, t'as pas idée ! Hum !... Un 4 à 7, avec qui ? La Maisonnée ? Hum !... Parfait. À quelle heure je te rencontre ?

# Au parc

1737, Village du Mont-Royal

C'était trois sœurs jumelles, trois sœurs violonistes qui adoraient se laisser emporter par leur musique. Dès les premières notes, elles s'enivraient de liberté. La musique était leur raison d'être, de vivre et d'exister.

Leur père était cordonnier et leur mère, bohémienne. La naissance des filles n'avait pas été désirée. Un soir d'été, lors d'une fête bien arrosée, les parents avaient cédé à leur désir. Ils n'étaient ni mariés ni amoureux. Peu de temps après leur venue au monde, la jeune mère avait disparu. Le père s'est alors occupé de ses filles comme aucun père n'a jamais pris soin de ses enfants. Il les chérissait tant qu'il a travaillé sans relâche pour subvenir à leurs besoins. Les villageois ont toujours eu pitié de la petite famille abandonnée. Durant des années, sur le seuil de la porte, ils ont souvent trouvé des paniers de fruits, des tartes aux pommes ou du pain frais et chaud, tout juste sortis du four. Tout le monde connaissait leur histoire.

Chaque après-midi d'été, les trois sœurs se rendaient au parc du Petit-Champlain. Un parc féerique, garni d'une multitude d'arbres, de fleurs et de petits arbustes à l'image du village. Avec leurs violons en main, elles s'installaient ensuite au gazebo. On pouvait les entendre rire de loin. Malgré leur triste sort, rien ne semblait les rendre malheureuses. Au contraire, elles prodiguaient un bien-être et un bonheur qui en rendait plus d'un jaloux.

Une fois là, elles passaient des heures et des heures à jouer. Leur mélodie en ajoutait au charme du village. Les gens s'y étaient tant habitués qu'elles faisaient partie du paysage, ainsi que leur musique. C'était une belle histoire.

Le père, homme de principes, était réputé pour sa sévérité. Il tentait de protéger ses filles et les écarter de tout danger. Aucune ne pouvait aller à l'école sans attendre ses sœurs. Si l'une d'entre elles était invitée à prendre la collation chez une amie, alors elle devait être accompagnée. N'étant pas souvent à la maison à cause de son travail, il ne pouvait envisager autrement leur sécurité. Au fond de lui-même, il reconnaissait son manque de flexibilité, mais ses filles étaient sa faiblesse. Il s'était promis de toujours veiller sur elles. Il était prêt à faire ce qu'il fallait. Elles avaient déjà été abandonnées par leur mère, il voulait pallier ce manquement.

Une des trois sœurs avait pourtant un amant, un amour qu'elle gardait secret. L'aventure durait depuis un an. Elle attendait que la maisonnée soit endormie pour se faufiler par la fenêtre. Une de ses sœurs l'avait surprise, mais elle n'en avait rien dit. Les coups bas n'existaient pas entre elles, l'éducation reçue de leur père avait réussi à inculquer cette valeur. Elles se soutenaient entre elles.

Les jeunes amoureux ne se voyaient pas souvent. L'amant jalousait la musique, sa passion. Il la voulait pour lui seul, l'idée de la partager le rendait fou. Bientôt, il ne supporta plus ni les restrictions ni l'admiration que les villageois lui portaient. Il en voulait au père, à ses sœurs et à tous ceux qui la regardaient. C'était un amour égoïste. Son cœur se nourrissait de rage et de vengeance.

Un soir d'été, dans le gazebo, au plein milieu du parc du Petit-Champlain, on trouva les trois sœurs mortes. Près d'elles, leurs violons étaient ensanglantés. Le père s'était effondré. Il venait de perdre sa raison de vivre. La scène était irréelle, impensable, impossible. Même dans ses pires cauchemars, il n'aurait su l'imaginer.

Le crime ne fut jamais résolu. Rongé par le chagrin, le père ferma boutique et quitta le village.

Depuis, on raconte qu'au parc du Petit-Champlain, par les après-midi ensoleillés, il est possible d'entrevoir les trois sœurs à travers les rayons de soleil. On dit aussi qu'il est possible d'entendre les violons jouer dans le vent chaud d'été.

~

À 31 ans, Annie maman se questionnait. La vie monoparentale n'était pas facile avec des jeunes de 13 et 16 ans. Ses filles étaient de pères différents et tous deux l'avaient quittée. Elle se rappelait sa propre adolescence, une période émotionnelle mouvementée.

Mère exemplaire, elle les encadrait avec beaucoup d'attention et de rigueur. Elle craignait de les voir tomber enceintes comme ce fut le cas pour elle. Son approche était parfois maladroite, mais qui peut prétendre maîtriser l'art parental. Les voir commettre la même erreur qu'elle la tourmentait. Elle refusait donc de les laisser sortir avec des amis qu'elle n'avait pas encore rencontrés.

Malgré les soubresauts colériques de ses filles, Annie était convaincue d'être sur la bonne voie. Après tout, elles étaient toutes trois proches l'une de l'autre et l'argument était de taille : une soirée autour de la télé entourée de sa famille valait mieux qu'assister à une fête bourrée de mauvaises gens.

Néanmoins, et de peur de les perdre, Annie travaillait à mettre un frein à ses inquiétudes. Un jour, après avoir surpris sa plus vieille en train d'embrasser un beau jeune homme sur le seuil de la porte d'entrée, elle lui demanda d'inviter le garçon à souper. De cette manière, elle pourrait juger plus facilement du danger qu'il pouvait représenter. La mère n'eut pas à insister pour que la jeune fille, surprise et excitée, prenne le téléphone et invite son amoureux le lendemain.

La sonnette de la porte avait à peine tinté que sa plus vieille ouvrait. Dès qu'ils passèrent à table, Annie s'engagea dans un interrogatoire fastidieux : ce qu'il faisait dans la vie, qui étaient ses parents et quels étaient ses plans d'avenir.

Le jeune homme n'avait pas bonne réputation. Il traînait avec lui un passé douteux et misérable. Personne n'a su dire ce qui dans le questionnement avait déclenché sa folie, mais il est soudain entré dans une rage démentielle.

Sidérée par sa réaction, Annie a plongé dans son instinct protecteur et l'a intimé à quitter la maison, mais le jeune homme refusait d'obtempérer en brisant tout ce qui lui tombait sous la main.

Prise de panique, Annie s'est ruée sur la commode de l'entrée et ouvrit le tiroir où elle cachait un revolver. Une seconde plus tard, elle le tenait en joue.

Annie, désorientée, tremblait. Que s'était-il passé ? Comment en était-elle arrivée là ?

Les filles, sous l'effet de la panique, s'étaient rapprochées de leur mère. C'est à ce moment que le jeune homme sortit son arme et fit feu. Des voisins alertés par le trois détonations appelèrent les policiers, mais le jeune homme avait déjà pris la fuite.

Il roulait à toute allure lorsqu'il croisa les ambulanciers qui se rendaient sur les lieux du crime. Il longeait le parc du Petit-Champlain quand il perdit le contrôle de sa voiture. La voiture a percuté le gazébo et le jeune homme a été retrouvé mort au volant.

Le double drame a eu lieu à Ville Mont-Royal et personne ne peut en expliquer la cause.

On attribue le triple meurtre à une folie passagère. Mais fait inusité, juste avant l'accident de voiture, des témoins et des passants affirment avoir vu une lueur aveuglante au-dessus du gazébo d'où ils auraient aussi entendu des violons.

# Biographies

# Les auteurs et auteures

# Annie Cossette

Le plaisir des mots habite très jeune Annie Cossette, ses parents en sont témoins. En effet, dès l'âge de huit ans, elle se fait réprimander car elle se réveille la nuit pour lire. C'est donc naturellement que naît le plaisir d'écrire et d'inventer des histoires. Quoique la vie ait pendant des années restreint ce plaisir à l'écriture « fonctionnelle » reliée aux communiqués de presse et aux documents promotionnels, cette passion ne la quittera jamais.

Née à Ste-Thècle, en Mauricie, Annie Cossette réside dans plusieurs régions du Québec : l'essentiel de son enfance se déroule à Saint-Michel-des-Saints, sa passion pour le cinéma l'amène ensuite à Montréal, puis l'amour et la famille à Mont-Tremblant. C'est finalement Joliette, dans la région de Lanaudière qu'elle choisit comme port d'attache.

Son travail actuel, la mise en marché et la promotion des produits alimentaires lanaudois, l'aura indirectement conduite à renouer avec l'écriture. Ses activités de chroniqueuse gastronomique à la radio internet *La Godasse* ainsi qu'à la section *Art de vivre* sur la gastronomie régionale du magazine d'art *Parcours* l'auront amenée à redécouvrir le plaisir d'écrire pour elle-même, la poussant également à sortir de sa zone de confort. La participation à ce collectif marque donc ce retour à l'écriture.

Fascinée par le quotidien et les coïncidences qui l'habitent, la vie et ses voyages deviennent ses plus grandes sources d'inspiration. Selon le prisme choisi, l'écriture lui permet d'emprunter des chemins imprévisibles débouchant sur de nouvelles perspectives capables de révéler de nombreux paradoxes.

Par sa contribution à ce collectif, elle réalise deux désirs jusque-là inassouvis : produire ses propres nouvelles et être publiée pour ses quarante ans.

**www.myspace.com/anniecossette**

# Carole Lussier

Carole Lussier voit le jour en juin 1954, à Howick, petit village du Québec au Canada. Du plus loin qu'elle se rappelle, elle a toujours écrit. Dès l'âge de 15 ans sur le marché du travail, elle œuvrera néanmoins plus de vingt ans au sein de diverses entreprises avant de démarrer à son compte et entreprendre un certificat en gestion à l'École des Hautes Études Commerciales de Montréal. Mais cette passion qu'elle délaisse depuis son plus jeune âge finit par prendre le dessus et elle décide, pour ses 45 ans, de tout abandonner pour ne se consacrer qu'à l'écriture.

Autodidacte, elle débute sa carrière en tant que rédactrice et traductrice au sein d'une maison de traduction qu'elle quittera après 2 ans pour revenir à son tout premier objectif, période durant laquelle elle présente quelques manuscrits à des éditeurs et des concours où elle ne se qualifie pas. Loin de se décourager, elle s'empresse – sous le nom des Éditions Aveline – de produire deux premiers recueils qui se retrouveront d'ailleurs sur les tablettes de quelques grandes librairies.

Elle n'a jamais cessé d'écrire depuis, se plongeant délibérément dans tous les genres où elle développe ce qui est maintenant devenu sa plus grande force, l'histoire courte. L'envie de se faire connaître l'amène ensuite à se donner un site qu'elle lance sur le Web à la fin 2004, le **www.carole-lussier.com** qu'elle prête aussi à des auteurs en devenir. Aujourd'hui, elle se partage entre son site, les ateliers d'écriture qu'elle donne à de jeunes décrocheurs, la production de ses livres et de collectifs regroupant les artistes qui fréquentent ses pages, leur mise en marché et l'écriture de son premier roman.

On la reconnaît pour sa force de caractère, son leadership, son goût pour l'aventure, les arts et surtout l'écriture. Ses histoires se font d'ailleurs un portrait de la vie, ses fictions prenant toujours assise sur la réalité. Elles sont aussi à son image, douce et touchante, généreuse et sereine ou directe et d'un froid réalisme, mais toujours empreinte d'un respect profondément marqué pour les vraies valeurs. Carole Lussier est une femme d'expériences et d'émotions qui aime se résumer en se décrivant simplement comme une femme de tête, de cœur et de passion.

# Joanne Ranzell

Joanne Ranzell est née le 15 juillet 1967 à Hull au Québec. Amoureuse de la nature, enfant timide, lunatique et rêveuse, elle passe beaucoup de temps sur la ferme de ses grands-parents où elle crée des personnages et des histoires qu'elle couche sur le papier. Malgré un caractère affirmé, elle conserve néanmoins sa timidité face à ses écrits. Elle en fait un jardin secret qu'elle ne partagera avec personne.

De mère francophone et de père anglophone, de descendance hollandaise, britannique, espagnole et algonquine, elle est rapidement interpellée par ce qui se passe sur la scène internationale, ce qui l'amène à compléter ses études en Sciences Politiques qu'elle délaissera pourtant au profit de la Scénarisation Cinématographique. Elle occupe le même poste depuis, mais continue toujours en silence, à écrire ses états d'âme. Au début de la trentaine, après une nouvelle formation en massothérapie qui la pousse à puiser encore plus profondément dans ses émotions, ses écrits deviennent thérapeutiques. Puis en mars 2007, alors qu'elle cherche sur Internet une trame sonore pour son fils, elle tombe sur un site français où elle fait la rencontre de personnes merveilleuses avec lesquelles elle trouve le courage de montrer ses textes. Très vite, elle voit certains d'entre eux mis en musique, par un guitariste entre autres, Marc

Dupaix qui a le don de mouler ses notes à ses émotions. La timidité s'envole, l'assurance s'ancre peu à peu et Joanne voit enfin un de ses textes préférés, *Merci la vie*, réalisé en 4 versions dont l'une d'elles se retrouve en page d'accueil du **www.mercilavie.net/option2.html** à cause de son message d'espoir et de son hymne à la vie. Fortement encouragée, elle se donne ensuite une page, le **www.myspace.com/jobou**, et se lance sur le Web où elle croise les routes de Carole Lussier et de Véronique Morel. Incapable de contenir davantage cette passion, elle décide de libérer sa plume et prend son envol en se joignant au collectif. Jamais plus elle ne la taira.

Femme déterminée, dotée d'un bon sens de l'humour et d'émotions à fleur de peau, Joanne Ranzell a su toutefois conserver son cœur d'enfant, ce qui lui permet d'apprécier les petites capsules de bonheur que la vie lui offre.

# Marie Louise Monast

Je suis née au cœur de l'hiver, le 17 janvier 1953 à Sorel, Québec. J'occupe le sixième rang d'une famille de onze enfants : sept garçons et quatre filles. Notre vie de famille ressemblait drôlement à la chanson de Joe Dassin : *Le chemin de papa*. Toutefois, mon père n'était ni poète ou vagabond, mais un homme d'affaires. Son travail nous obligeait à déménager souvent. Et c'est ainsi qu'il nous a semés aux quatre coins de la Terre.

Artiste dans l'âme, je compose et je chante depuis ma tendre enfance. C'est à l'âge de dix ans que s'éveille en moi le goût d'écrire, après qu'une religieuse ait lu une de mes rédactions devant la classe en la qualifiant de « très originale ».

J'avoue que je suis passionnée des sons. Les mots, étant des sons dissonants ou harmonieux, évoquent en moi des phrasés musicaux. Complice, la musique calligraphie dans mon imagination des scénarios adagios, allégros… Ma plume sollicite les valeurs du cœur et de la vie. Je tire mes inspirations tout simplement du quotidien : les gens, les évènements, les anecdotes, les drames, les succès, les rêves nocturnes et diurnes. Il y a aussi les sciences humaines, tout spécialement la psychologie, la philosophie et la sociologie. En exploitant ainsi ce filon, ce métal natif, je m'engage à être originale et personnelle. J'offre à mes lecteurs et lectrices une fenêtre ouverte sur l'intériorité de mes personnages. De plus, il y a chez le lecteur ou la lectrice cet enfant gâté qui se précipite et s'approprie des trésors qu'il fait siens. Au fond, la lecture prolonge l'appétit et le besoin d'exclusivité de l'enfant, n'est-ce pas ? Et c'est bien ainsi. Quel beau privilège que de pouvoir partager ses émotions, ses connaissances, son amour pour la vie avec les autres ! Néanmoins, si je n'ai rien à dire, ma plume se tait.

J'ai publié mon premier roman *Rose au clair de San* aux éditions Les nouveaux auteurs en 2007. Mère de trois enfants, je me permets de consacrer du temps à l'écriture et à la musique tout en vaquant à mon travail de bureau.

**www.myspace.com/marielouisemonast**

# Monique Michaud

Monique Michaud a vécu les dix-huit premières années de sa vie dans un village accolé à un jardin zoologique. Depuis, elle préfère les villes. Sa plus grande constance est son insatiable curiosité. Elle s'oriente d'abord vers les sciences et chemine quelques années en laboratoire pour ensuite consacrer dix ans à la « maternitude ». Au milieu de la trentaine, curiosité oblige, elle entame un cours de rédactrice qu'elle réussira avec l'obtention d'un diplôme. À ce jour, il s'agit de l'occupation qui l'a comblée le plus parfaitement. Effectuer une recherche et apprendre sur un sujet, bâtir un article pour un magazine, concentrer les informations, vulgariser : tout cela, elle adore. Par contre, elle avoue ne pas avoir pu bénéficier des contacts et du « bouche à oreille » nécessaires au travail à la pige.

C'est ainsi qu'elle a débuté l'apprentissage de l'écriture de fiction auquel elle consacre treize années consécutives. Aujourd'hui, elle compte une trentaine de publications de nouvelles dans les revues littéraires privilégiant ce genre et a récolté plusieurs prix et mentions de divers concours auxquels elle a participé.

De 2000 à 2003, elle publie, sur Internet, un feuilleton humoristique en quarante épisodes qui n'est pas finalisé et elle pourrait éventuellement le reprendre. Elle a aussi donné des ateliers d'écriture au Centre de Femmes de sa ville et se sent privilégiée d'avoir côtoyé des femmes, comme elle, passionnées des mots. Puis en 2005, elle se lance enfin LE grand défi du roman auquel elle consacrera trois années. Depuis, elle attend la réponse des éditeurs qui l'ont reçu.

Femme dynamique et motivée, Monique Michaud a toujours un projet en chantier. Tout dernièrement, elle s'est jointe au collectif de la belle « gang » de Carole Lussier. *La synergie d'un groupe ne peut qu'aider à sortir de l'ombre...* clame-t-elle en souhaitant la véracité de la maxime qui prétend que le succès couronne l'effort.

**www.myspace.com/monique.michaud**

# Myriam Wakil

Prendre une bonne dose d'imagination, une pincée d'humour et un soupçon de magie. Ajouter à ce premier mélange un amour inconditionnel pour la lecture et un talent encore hésitant pour l'écriture. Brasser pour obtenir un ensemble homogène. Aromatiser ensuite avec d'autres intérêts tels que la cuisine, essentielle pour les papilles sensibles, la photographie, à laquelle se greffe le collimage (*scrapbooking*), et peut-être un peu de tricot, de crochet et de broderie. Puis décorer avec tout l'amour qu'une mère, une épouse, une sœur et une fille peuvent ressentir.

Myriam Wakil est la deuxième d'une famille de cinq enfants. Jeune, ses parents l'encouragent à la lecture et elle passe des heures entières dans les livres en oubliant tout ce qui l'entoure. En vieillissant, son intérêt pour la lecture mue : essentiel pour nourrir l'esprit, mais incapable de suffire aux idées qui débordent de son esprit. L'écriture finit donc par se tailler une place, discrète au départ, puis de plus en plus florissante. Titulaire de deux diplômes d'études collégiales et d'un certificat universitaire, elle a longtemps hésité quant à son choix de carrière. Elle trouve finalement un compromis dans le travail bureautique et accepte une poste de secrétaire de direction à l'École de technologie supérieure, constituante de l'Université du Québec, où elle œuvre depuis 1999.

Myriam Wakil a longtemps contenu son énergie créatrice, ne la libérant que pour écrire des histoires de veillée qu'elle partage avec les louvettes et les louveteaux, ou de petites nouvelles, des contes et des poèmes qu'elle range ensuite dans un écrin. Elle puise son inspiration autour d'elle, mais aussi en se rappelant son grand-père maternel qui la poussait à développer ses passions, que ce soit la calligraphie, le graphisme et l'écriture – lui qui pouvait écrire plusieurs textes par jour. Il aura fallu qu'elle atteigne la trentaine pour trouver le courage d'aller de l'avant et de vivre l'aventure de l'écriture et c'est en collaborant à la réalisation du volume II de la collection *je plume et tu pinceaux*, avec une équipe formidable, que le rêve se transforme maintenant en réalité.

**www.myspace.com/myriam-wakil**

# Nicolas Vidril

Un matin du mois de mars 1979, la nature offrait une de ces symphonies qui précède d'ordinaire le printemps ; le vent faisait danser les peupliers, quelques gouttelettes tombaient çà et là et les nuages galopaient dans le ciel. C'est alors que, un peu ennuyé de la vie immatérielle, Nicolas Vidril décida de venir au monde. Par simple curiosité, il s'immisça dans le monde des hommes où il se laissa tranquillement absorber dans le moule. Il apprit à respecter les horaires, faire ses devoirs et suivre le même chemin que la multitude avait tracé avant lui. Mais un malaise demeurait au fond de lui, le tremblement d'une âme inquiète. Il devait y avoir plus dans l'existence que des usines pleines de robots et des calculs mathématiques vides de sens. Encore enfant, le besoin de création pointait avidement son nez. Parfois son attention se perdait dans des scénarios plus loufoques les uns que les autres. Mais il refoulait sans cesse ce besoin de tout réinventer, de tout remettre en question, sauf que ce monde intérieur explosait en un feu d'artifice incontrôlable.

Lentement, il apprit à ne plus se réprimer. Libéré du carcan de l'uniformité, il arpente sans cesse les contrées de l'imaginaire et s'y perd, mais en retrouvant son chemin. Dans son univers de mélomane, les lettres sont des notes, les phrases sont des mélodies et ses textes, des concertos.

Bientôt, le monde invraisemblable qu'il porte en lui devient sa propre réalité et il l'impose à son entourage par le biais de composition de toutes sortes, autant musicales que littéraires. Un peu plus tard, il approche le www.carole-lussier.com, site Web qu'elle dédie en partie aux auteurs en devenir, et fait la rencontre de Carole Lussier qui l'encourage par des thèmes imposés à développer son style et son inspiration. Il présente quelques nouvelles qui sont chaleureusement accueillies et prend aussitôt part au recueil collectif de 2009, *Des encriers sur la table...*, son premier projet de publication.

Aventurier intéressé par toutes les formes d'art mais par l'écriture en particulier, il aime à cacher son côté sensible et émotif derrière les bouffonneries qu'il peut aisément faire passer de l'humour absurde jusqu'aux jeux de mots. Nicolas Vidril ne fait que passer et il en profite en ressentant intensément les événements autour de lui. L'écriture, la musique et la fantaisie sont un moyen d'extravertir toutes les impressions que le monde laisse en lui.

**www.myspace.com/nicolasvidril**

# Pierre-Luc Salvati

Pierre-Luc Salvati voit le jour en 1981 à Montréal, au Québec, Canada. Dès son plus jeune âge, il développe et démontre une imagination hors du commun, mais étrangement aucun intérêt pour la lecture ou pour l'écriture. Rien ne laisse donc présager le métier d'écrivain. En fait, il passe la majorité de son temps avec ses amis à faire du sport et à inventer des activités qui le mèneront vers toutes sortes d'aventures et péripéties. Après ses études secondaires, il se laisse charmer par le domaine des affaires, plus précisément par le marketing qu'il voit comme un immense terrain de jeu dans lequel il pourra utiliser son esprit créatif et analytique tout en laissant son imagination courir à sa guise et, confiant, complète son bac en Marketing à l'Université de Concordia pour ensuite poursuivre en publicité à l'Université de Montréal.

Quelques années plus tard, il réalise néanmoins que ce domaine n'est pas aussi ouvert et entrepreneur qu'il le croyait et se voit déçu par le conservatisme du métier ; peu de gens ont le courage de la nouveauté et encore moins ont le désir du vrai changement. Cette mentalité de « sur place » le torture au point de le pousser à mettre ses projets en veilleuse et concentrer ses activités dans un tout autre secteur où son imagination et sa créativité peuvent réellement être mises à profit. C'est alors qu'il décide de se lancer dans l'écriture où les limites sont pratiquement inexistantes.

Aussitôt, il exploite sa vision du genre humain pour exposer, de façon directe ou indirecte, les forces et les faiblesses de celui-ci. Ce passe-temps devient rapidement une passion et ses innombrables idées s'éveillent en s'empilant les unes aux autres en une sorte de file d'attente qui ne demande plus qu'à voir la lumière du jour. Bientôt, il découvre le plaisir de concevoir des textes surprenants dont le but est de mettre à l'épreuve l'attention de ses lecteurs et c'est tout naturellement que l'énigme y trouve sa place.

Non seulement Pierre-Luc Salvati se donne enfin ainsi le moyen de satisfaire son besoin de création, mais il réussit à le doubler avec la possibilité d'y passer son concept de la vie.

**www.myspace.com/pls_creations**

# Véronique Morel

Quatrième d'une douzaine de joyeux marmots, je nais en octobre 1948 à Saint-Boniface-de-Shawinigan en Mauricie. Enfant docile, je m'émerveille des légumes virevoltant dans le bouillon de la soupe ou encore, je me crée des mondes fantastiques avec des poupées de papier plutôt que de jouer au ballon avec les autres.

Fillette timide, fille studieuse, puis jeune fille éprise de grands espaces, j'adopte le style épistolaire pour voyager au Congo, en Turquie et en Belgique où je noue un lien affectif encore durable avec ma correspondante. Je me confie aussi à mon journal personnel qu'il faut ranger au moment de mon mariage. Mère de trois enfants, ils me rendent grand-mère à leur tour. En 1982, je sors mon « confident » du mutisme pour le faire parler plus ou moins abondamment selon les humeurs du jour.

Par un soir d'automne gris et pluvieux, je franchis la porte d'un atelier d'écriture : le soleil éblouira mon cœur ! Les mots me font des déclarations d'amour exubérantes en dansant cœur à corps avec ma créativité et des amitiés sincères s'installent à demeure. Deux de mes textes seront publiés dans *La revue du loisir littéraire*.

Une confiance bienfaisante prend racine. Encouragée par l'hôtesse du www.carole-lussier.com, je relève les défis posés par le thème du mois et mes histoires publiées sont appréciées des lecteurs. Je découvre le plaisir de peaufiner un texte, de le parer de mots chatoyants. Illuminés par les coloris des toiles offertes par de talentueux artistes peintres, mes récits et mes contes articulent les tableaux d'imaginaires et de fantaisies. Je monte à bord du fabuleux projet *je plume et tu pinceaux* et y trouve un jardin accueillant où mes rêves peuvent éclore.

Dans le sillage du deuxième volume de cette magnifique collection, je goûterai à nouveau le bonheur d'échanger avec les lecteurs aux séances de signatures, je serai touchée par les témoignages généreux qu'auront suscités mes textes. J'ai vraiment *Le vent dans les voiles* !

**www.myspace.com/veroniquemorel**

# Youmna Boustani

Youmna Boustani voit le jour en février 1983, à Beyrouth, la capitale d'un tout petit pays nommé le Liban où elle a la chance de vivre une enfance heureuse, entourée de merveilleuses montagnes. Mais bientôt rattrapée par la réalité, la guerre qui sévit, elle et sa famille quittent leur pays natal. Elle est alors âgée de 6 ans.

La famille Boustani atterrit en Grèce où elle s'installera deux ans avant de pouvoir mettre le cap sur le Québec. Cette enfance, tantôt heureuse et tantôt mouvementée, stimule encore aujourd'hui son imagination. À 12 ans, l'adolescente immigrante commence à écrire son journal intime, qu'elle tient d'ailleurs toujours. Il devient vite son confident, sa bouée de sauvetage et l'outil qui lui permet de traverser une adolescence marquée par l'insécurité. Elle n'a jamais envisagé et n'envisage toujours pas d'utiliser ses mémoires pour faire carrière. Son journal lui donne simplement l'impression d'exister en lui permettant de vivre pleinement ses émotions.

À sa sortie du Cégep, elle entreprend rapidement un baccalauréat en Communication Politique à l'Université de Montréal. Son cheminement académique lui donne la chance d'assouvir plusieurs de ses passions, telles la politique, la communication et l'écriture. Elle découvre et approfondit la rédaction, ses exigences et son importance et le

plaisir d'écrire s'accentue. Entre temps, elle rédige de petits textes qui reflètent souvent son banal quotidien. Puis l'envie d'être lue se fait sentir. Via d'autres sites, elle trouve le moyen de publier ses premiers essais, mais son besoin d'espace s'accroît avec le développement de son art et elle finit par se donner son propre blogue où elle publie ses inédits depuis son lancement sur le Web :
**www.superpuppet.wordpress.com**

Tout récemment diplômée, mais ne sachant pas trop où sa carrière la mènera, elle prend un poste de formatrice dans un milieu organisationnel. Ses expériences en classe alimentent toujours ses histoires et ses anecdotes. C'est dans cette organisation qu'un collègue l'approche pour lui proposer le projet de recueil collectif auquel elle s'inscrit. Misant sur l'expérience et l'apprentissage, Youmna Boustani espère maintenant donner à l'écriture, dont tous les genres la fascinent, une place de plus en plus prépondérante dans sa vie.

# Les artistes peintres

# CaroH

CaroH est née le 11 janvier 1972 à Obaska, petit village de l'Abitibi-Témiscamingue au Québec. Dès l'âge de 5 ans, elle entre en contact avec le nu : sa grand-mère maternelle, Émilienne, peintre à ses heures, peignait une jeune Amérindienne assise de dos, les cheveux au vent. Ce fut le seul nu de sa grand-mère, mais la graine avait été plantée et la passion naquit dans le cœur de CaroH.

En 1992, elle commence à tout mettre en œuvre pour approfondir cette passion et s'accomplir à travers le médium qui l'anime le plus : la photographie artistique et elle s'inscrit au Collège Dawson de Montréal, en Technique de photographie commerciale. Après quelques années, elle se rend toutefois compte que l'enseignement est trop axé sur l'aspect commercial et trop peu sur l'aspect artistique de la photo, moment où elle apprend aussi qu'elle est enceinte. Les produits chimiques utilisés en laboratoire s'avèrent dangereux pour sa condition et elle se retrouve à la croisée des chemins où elle doit faire un choix : terminer sa troisième année et mettre un terme à sa grossesse ou mettre sa passion de côté. CaroH opte pour la vie qui se développait en elle et attend jusqu'en 2008 pour renouer avec sa passion. Depuis, elle participe à plusieurs projets d'envergure. En mars 2009, elle sort son premier livre, ses premiers *Autoportraits*. En avril, elle se joint à l'exposition itinérante, Cancer Vu et Vécue – Cancer Connection, qui fait le tour du Canada, une exposition unique qui documente l'impact du cancer sur la vie des Canadiens. Puis en juillet, elle participe au Festival d'art érotique de Montréal tandis que son 2e livre voit le jour : *Dans la Peau d'une Princesse Nubienne*. En avril 2010, elle s'inscrit à un concours, se qualifie parmi les 40 gagnants du Show-concours international de photographie et son œuvre est exposée à la célèbre et prestigieuse galerie Rogue Space – Chelsea de New York.

À travers son art, CaroH cherche à capturer l'essence même du corps qui se dévoile sous son objectif. Elle photographie autant les femmes que les hommes et la nature qui l'entoure. Elle aime explorer les courbes de ces corps et y jeter un regard sans préjugé. Pour découvrir son univers, visitez son site

**www.larznangel.com**

# Carole Caron

Carole Caron est née en 1953 à St-Pacôme, Kamouraska, un village au sud de Québec. Elle commence ses études primaires à Saint-Philippe-de-Néri, Micoua, une autre petite agglomération qui se situe sur un chantier d'Hydro-Québec. Elle poursuit à La Pocatière et enfin à Baie-Comeau où elle réside et travaille pour le gouvernement du Québec depuis.

Fervente adepte des arts plastiques, elle se découvre, en 1992, un intérêt particulier pour la peinture et s'inscrit à des cours donnés par Nicole Bélanger, une artiste de Baie-Comeau, et participe aussi à deux ateliers, ceux de Claude Bonneau et de Seymour Seagal et ce simple loisir se transforme très vite en passion.

Désormais en apprentissage autodidacte, elle continue ses recherches en explorant toujours. Après diverses expériences sur des pièces de bois et de céramique, elle réalise qu'elle préfère la peinture sur toile et développe bientôt sa propre technique qui rejoint quelque peu celle, plus traditionnelle, de la peinture. On qualifie son travail de dynamique et énergique. Elle utilise une palette de couleurs vives et chatoyantes. La naïveté et la candeur de ses œuvres démontrent grandeur d'âme et générosité. Elle puise son inspiration à même la vie ; « ... *Les couleurs et la vie que dégagent les scènes d'enfants nous rappellent nos humeurs et nos états d'âme, ces merveilleux moments de notre enfance... L'omission volontaire des traits du visage n'est là que pour favoriser l'imagination... »*

En 2006, Carole Caron a d'ailleurs obtenu le vote du public lors d'une exposition à la Tour Thais-Lacoste-Frémont de Québec. Elle participe à plusieurs symposiums à travers la province et ses toiles se voient exposées aux galeries Le Castelet à Saint-Sauveur, à l'Amont du temps de Montebello, Mich'l de Baie-Saint-Paul et à la Galerie Art et Miss de Paris.

**www.carolecaron.com**

# Christiane Doré

Christiane Doré a grandi à Verdun, une banlieue de Montréal. Tôt, elle est attirée par plusieurs formes d'art. À deux ans, debout et accrochée au portefeuille de musique, les deux pieds sur les pédales, elle jouait au piano mécanique que la famille possédait. Elle adorait la magie de cette musique, celle qui sortait des rouleaux.

À quatre ans, sa mère l'inscrit à des cours de diction, le début d'une longue aventure à travers différentes disciplines artistiques ; à six ans, elle entreprend le piano et des cours de chant ; à dix ans, elle est attirée par le ballet qu'elle pratiquera pendant près de vingt ans ; à douze ans, elle s'engage dans le théâtre et le dessin. Puis vint le temps où il fallut choisir une discipline au détriment des autres. Le cœur brisé, elle opte pour le ballet.

L'art est toujours au fond de son cœur, mais elle sait qu'il est difficile d'en vivre. Pour répondre à son besoin de stabilité financière, elle reprend des études universitaires, en éducation. Après une spécialisation en dessins de patrons, elle déniche un emploi à l'École Nationale de Théâtre du Canada où elle œuvre plus de sept ans. On la trouve alors derrière les machines à coudre ou au-dessus des tables à dessins alors qu'elle confectionne les costumes pour les exercices publics des étudiants. Plus tard, elle se voit confier un poste d'enseignante au primaire et retourne sur les bancs d'école afin de compléter ses études de Maîtrise pour parfaire ses connaissances et améliorer son enseignement.

C'est alors qu'un de ses vieux rêves artistiques refait surface. En 2000, elle s'inscrit à de nouveaux cours, mais d'une tout autre nature : la peinture à l'huile. Elle n'a jamais cessé de peindre depuis, entrecoupant ses temps libres avec l'écriture, la poésie qu'elle affectionne tout particulièrement et qu'elle n'a jamais pu se résoudre à abandonner : ... *L'éducation assouvit ma conscience sociale et nourrit mon esprit de pionnière. La peinture, mon âme de chercheuse. Elle me donne la chance d'exposer mes états intérieurs, de me surpasser et de communiquer dans un langage que tous peuvent comprendre ou du moins peuvent interpréter de façon personnelle. Comme l'écriture, la peinture libère mes émotions face à la vie, aux gens et à mes rêves.*

On peut rencontrer et admirer les œuvres de Christiane Doré au **www.christianedore.com**.

# Dominick Martin

L'univers de Dominick Martin est fort particulier. Il puise son inspiration en l'être humain, mais en la femme plus que tout autre. Elle est devenue la muse d'où il tire la beauté qui transcende ses tableaux. Depuis bon nombre d'années, son esprit créatif se nourrit des lignes et des courbes du corps féminin. Aujourd'hui, il donne libre cours à ses pinceaux et ses portraits sont de véritables enchantements.

Son talent se manifeste dès son plus jeune âge, c'est-à-dire à la petite école alors qu'il invente déjà ses propres bandes dessinées. À l'époque, ses personnages sont plutôt influencés par Pif Gadget et Lucky Luke. Durant son enfance et son adolescence, il se mérite plusieurs prix et diverses mentions. Au collège, ce sont ses premières formations en observation de modèles qui ont soudainement allumé sa passion pour le corps humain. Bien que diplômé des arts plastiques au Cégep de Joliette, il doit rapidement troquer ses crayons pour l'ordinateur : l'ère informatique s'impose. C'est ainsi qu'il devient graphiste, puis directeur artistique d'une boîte de communication graphique de Joliette : Kiwigraphik. Après vingt ans de métier, il a pourtant toujours un crayon à la main et il ressent toujours le même plaisir à créer les logos et les concepts de campagnes publicitaires que les infographistes reprennent ensuite à l'ordinateur.

Au fil des ans, son art se raffine. En 2006, après avoir élevé ses deux garçons, il se met finalement à la peinture, ce à quoi il rêvait depuis longtemps. Bientôt, une série de portraits féminins naissent dans un amalgame de couleurs intenses où il favorise le rouge et le noir qui évoquent le feu, la foudre et la passion. L'intensité dans les yeux de ses sujets captive au point d'envoûter. Leurs regards incarnent féminité, sensualité et profondeur. Les deux dernières années, Dominick Martin a remis une toile à l'Encan d'œuvres d'art de la Croix-Rouge qu'il supporte. Celle du présent livre s'y est d'ailleurs vendue 2 500 $.

Dominick Martin expose au café resto La part des Anges à Joliette qu'on peut visiter en se rendant sur le www.tapaspartdesanges.com. Il est également possible de le rencontrer sur son site personnel, le **www.dominickmartin.com**.

# Élaine Bertrand

Élaine Bertrand est née en juillet 1957 à Saint-Léonard, quartier de la ville de Montréal, où elle grandit. Dès son plus jeune âge, son environnement familial valorise et encourage l'expression de soi. Elle se souvient encore des jours où sa mère fixait de grandes feuilles de papier sur les murs de sa chambre pour qu'elle puisse illustrer les histoires qu'elle lui racontait. Son enfance fut donc une merveilleuse occasion d'expérimenter plusieurs formes d'expressions artistiques, même si ce sont les arts visuels qui ont gagné son cœur.

Le secondaire IV lui aura, quant à lui, fait découvrir les sciences et elle optera finalement pour la profession d'hygiéniste dentaire, domaine dans lequel elle œuvre depuis plus de 25 ans. Mais jamais elle n'oubliera cet amour qu'elle voue aux arts et c'est en autodidacte qu'elle fait ensuite son apprentissage.

Aujourd'hui, elle habite toujours sa ville natale et ses étés riment avec fleurs, légumes et jardins. Les deux mains dans la terre ou l'œil derrière l'objectif de sa caméra, elle s'imprègne de la belle saison et des merveilles que Mère Nature offre si généreusement. Son imagination se nourrit d'ailleurs de ces beautés qui l'entourent ; fleurs, paysages, textures et couleurs, une fois reliés, deviennent un monde sans frontière où l'imaginaire côtoie le réalisme avec intensité. Elle adore la photographie, c'est l'outil idéal pour immortaliser ses moments d'inspiration, car la caméra offre des résultats immédiats. Quant à ses projets picturaux, elle ne favorise aucun médium en particulier. Papier, affiche ou toile, porcelaine, porte de bois ou coffret, huile, acrylique, gouache, encre ou simples crayons de couleur, tout est bon pour permettre à l'idée de prendre forme et à l'imagination de se réaliser.

Membre de *Création Léonard*, un organisme de Saint-Léonard qui rassemble des artistes et des artisans en art visuel, elle a le plaisir de présenter ses créations lors d'expositions collectives. Son objectif est de savoir que son œuvre, tout comme un jardin, puisse provoquer un beau souvenir ou éclairer un visage d'un sourire et c'est aussi dans ce but qu'elle présente sa page Web et qu'elle vous invite à y laisser vos impressions :

**www.myspace.com/ebartiste**.

# Gisèle L'Épicier

Gisèle L'Épicier naît à Joliette, Québec, dans la belle région de Lanaudière. Enfant, elle joue constamment avec les crayons de couleurs et les craies de cire. À l'école, les marges de ses cahiers sont remplies de gribouillis.

Après avoir abandonné ses cours de ballet classique avec le grand Brian Macdonald, elle quitte sa région pour s'inscrire à l'école d'infirmière de l'Hôpital Notre-Dame de Montréal où elle avoue avoir dessiné des ballerines et des danseurs à l'intérieur des portes d'armoire de sa chambrette. 1095 jours plus tard, ses études terminées, elle se marie et part pour Halifax et y demeurera trois ans. C'est à ce moment qu'elle découvre la peinture à l'huile, un réel coup de foudre. Cette passion ne la quittera plus. De retour au Québec, elle illustre des contes sur les murs du sous-sol de la maison familiale. Alors sa vie change. Elle s'inscrit à des cours privés de peinture, fréquente le Centre d'art Saidye Bronfman, participe à plusieurs ateliers avec des artistes réputés, suit des cours d'histoire de l'art, devient guide au Musée d'Art de Joliette et obtient un diplôme en histoire de l'art de l'Université du Québec à Montréal.

C'est sa présence en galerie qui fait démarrer sa carrière. Plusieurs de ses toiles se retrouvent dans diverses collections privées et publiques au Canada, aux États-Unis ainsi qu'en Europe. Parmi les prix qu'elle a remportés, il en est un dont elle est particulièrement fière ; *Le Violon Vert,* une de ses toiles, illustre la page couverture de *l'Histoire de Lanaudière,* 20ᵉ volume publié dans la collection *Histoire des régions* par l'Institut national de la recherche scientifique de l'Université du Québec.

Outre la peinture, Gisèle L'Épicier explore d'autres formes d'expression artistique, comme l'argile qu'elle affectionne, et trois petits bronzes décorent aujourd'hui sa demeure. La musique aussi prend une place importante dans sa vie, elle transcende d'ailleurs de ses pinceaux. Vraie passionnée, elle met toute son énergie et tout son cœur dans son travail.

**www.giselelepicierart.com**

# Hélène Filiatreault

Hélène Filiatreault est née à Montréal au Québec, Canada, par une belle journée de printemps. Toute jeune, elle aime déjà dessiner presque tout ce qu'elle voit. C'est son passe-temps favori, mais un passe-temps qui devient rapidement une passion et qui l'amène à étudier les grands Maîtres de la Renaissance où elle développe une inconditionnelle et profonde admiration pour Michelangelo Di Lodovico Buonarroti Simoni, plus connu sous le diminutif de Michel-Ange, qui la fascine littéralement. En 1984, elle apprend les rudiments de la peinture à l'huile et s'inscrit ensuite à des cours privés de peinture et de poterie. L'envie de peindre la tenaille toujours et elle se lance sur le chemin de la découverte et de l'expérimentation.

Récipiendaire d'une première mention, *The Honorable Mention of the Coral Spring Artist Guild, Lobby Gallery Coral Springs Museum of Art, Florida - From concept to reality*, elle amorce une carrière prometteuse en 2004. Les galeries, les centres d'art ou culturels, les cafés et les maisons de peinture la reçoivent en solo ou collectivement. Elle vend en région, au Québec, au Canada, aux États-Unis et en Europe tandis qu'elle participe à des encans au profit de fondations dont celle du Centre Hospitalier de Lachine.

Depuis quelques années, elle s'intéresse aussi au fusain, à la sanguine et la photographie. En constante exploration, elle améliore sa technique et se dirige vers l'art réaliste. Attirée par les gens, le regard, l'expression des visages, la forme des objets, les ombres et la lumière, elle imprègne ses toiles de douceur, de sensibilité et d'un réalisme qui laissent toutefois une grande place à l'imagination.

Hélène Filiatreault est une femme prenante, ouverte, généreuse, qui possède également les dons de la communication et de l'observation. Sous ses pinceaux, la vie prend son envol en se faisant simplement remarquer.

**www.artmajeur.com/filia**

# Marmo

Marmo est né en 1966 à Terrebonne (Québec, Canada). Dès l'enfance, il voyage beaucoup et séjourne à l'étranger, en Jamaïque puis en Afrique (Zaïre et Cameroun). En particulier, les années 1971 à 1979 deviennent charnières et façonnent autant sa vie que sa personnalité. La chair est québécoise, mais le cœur, sans frontière.

Le kaléidoscope d'images internationales et multiculturelles imprégné ainsi sur sa rétine se traduit par un goût prononcé pour le paysage, la scène de genre et le portrait multiethnique. Ses tableaux rendent hommage à la diversité, tant de l'humanité que de la flore et de la faune, une richesse peinte le plus souvent dans des contrastes prononcés, des clairs-obscurs, des contre-jours, une étude de la lumière omniprésente, quasi métaphysique.

Marmo est un artiste multidisciplinaire qui a expérimenté de nombreux médiums. Le dessin est tôt maîtrisé. La main griffonne à toute heure du jour, durant les classes comme dans les loisirs. La peinture fait son apparition à l'adolescence. D'abord des cours d'huile sur toile puis l'aquarelle et l'acrylique en autodidacte, sans délaisser le dessin qu'il pratique avec le fusain et les pastels. Suite à ses études cinématographiques au Cégep, il flirte avec la sculpture durant ses études en arts visuels à l'Université de Montréal, mais sans lui donner de lendemain. Il découvre les techniques de moulage et explore la fabrication de masques, mais ne s'y attarde pas non plus. Toutes ces techniques l'enrichissent néanmoins et lui permettent de mieux interpréter et d'approfondir sa perception de la condition humaine.

Marmo peint à l'image de sa curiosité, ses œuvres sont très diversifiées. Avec le temps, il donne sa préférence à l'acrylique et au fond pré-coloré ou noir qui sert à merveille son exploration des contrastes. Une technique qu'il perfectionne toujours à travers cette recherche du mystère de l'existence, son thème principal : la place de l'homme dans ce si vaste et magnifique univers, sa fragilité, ses contradictions, ses ombres et ses lumières, ses questions qui, si souvent, restent sans réponse.

**www.myspace.com/hello_marmo**

# Nancy Asselin

Née à Springfield, Massachusetts, en 1961, j'ai passé ma jeunesse en Mauricie où le dessin et la peinture ont été omniprésents dans toutes mes activités. Au cours de mes études universitaires, en administration, j'ai poursuivi ma formation en autodidacte et exploré différents médiums. Ma fascination pour la transparence et la lumière m'a très rapidement amenée à privilégier l'aquarelle. Pendant les cinq années où j'ai séjourné en Côte d'Ivoire, en Afrique de l'Ouest et dans de nombreux pays d'Europe, mon goût et mon besoin de créer se sont nourris des diversités culturelles qui ont influencé mes couleurs et mes jeux de lumière.

Après mon retour au Québec, à la fin des années 90, je me suis établie à Sherbrooke en Estrie où je me consacre uniquement à la peinture depuis. Mais régulièrement, le goût de l'aventure me pousse vers de nouveaux horizons. Tout récemment, le Vietnam et le Cambodge m'ont permis de goûter une saveur asiatique inconnue jusqu'alors.

Artiste peintre multidisciplinaire, je demeure en continuelle quête de lumière et de transparence à travers mon travail. Ça fera près de sept ans que j'explore la peinture vitrail pour ses couleurs des plus vibrantes et surtout par désir de fouler de nouveaux sentiers. D'une envie plus forte que tout, je joue avec les couleurs pures, je crée des lumières, des lieux et des moments magiques, juste au bout de mes doigts. Des compositions qui se conjuguent avec les rythmes et les textures en me portant toujours plus loin.

Sur le verre opaque utilisé dans les vitraux, j'emprunte différentes techniques à l'aquarelle et à l'acrylique afin d'obtenir une luminosité et une texture sans pareil. La réalisation de mes œuvres exige très souvent une succession de quinze à vingt fines couches de couleurs pour atteindre la luminosité désirée.

C'est une passion qui me fait vibrer, car j'y découvre les merveilles de la couleur et de la lumière, et cette passion ne semble pas avoir de limite…

Pour voir les œuvres de Nancy Asselin : **www.nancyasselin.com**

# Patricia Bellerose

Patricia Bellerose est née à Joliette en 1980 et son enfance est meublée de journées entières passées à dessiner et à jouer avec ses couleurs. Peintre autodidacte, elle possède un diplôme en graphisme du Collège Ahuntsic de Montréal. Elle peint depuis 2005 et deux ans plus tard, elle exposait déjà ses tableaux en galerie.

Après avoir exploré différents médiums et sujets, c'est grâce à son pouvoir d'empâtement que l'huile prend finalement une place prédominante dans sa démarche. L'huile lui permet aussi d'adopter la technique *alla prima*, qui signifie en une seule séance. En appliquant les couleurs sans attendre qu'elles sèchent, elle s'amuse à laisser son empreinte personnelle avec émotion. Sa recherche se concentre sur le mouvement et la lumière.

Elle s'adonne maintenant aux joies de la peinture sur le motif, c'est-à-dire en plein air.

*Lorsque je suis à l'extérieur pour peindre, le temps s'arrête. L'impression de communier avec la nature m'envahit, je respire au même rythme que celle-ci...*

Elle cherche à saisir rapidement ce qu'elle voit, car la spontanéité du geste la garde en contact avec son essence. Ainsi, sa touche personnelle et son originalité se déploient à travers ses tableaux.

Patricia Bellerose a déjà accumulé plusieurs prix dont le titre de finaliste au Concours national de peinture Rêves d'automne de Baie-Saint-Paul, édition 2008. On trouve également ses œuvres dans plusieurs collections privées au Canada, aux États-Unis et en Europe. Elle participe d'ailleurs à de nombreuses expositions en solo ou de groupe et elle expose ses œuvres chez Artitude à Québec ainsi qu'à la Brûlerie du Roy et à la Galerie d'art Manseau, deux établissements de Joliette. Vous pouvez aussi la rencontrer sur son site Web, au **www.pbellerosearts.com**.

Une artiste passionnée, dotée d'un coup de pinceau dont l'originalité se démarque d'entre tous.

# Table des matières

Remerciements . . . . . . . . . . . . . . . . . . . . . . . . . . . . . . . . . . . . . . . . . . . . . . 7

Prologue . . . . . . . . . . . . . . . . . . . . . . . . . . . . . . . . . . . . . . . . . . . . . . . . . . . . 9

CaroH : *Dans ma peau* . . . . . . . . . . . . . . . . . . . . . . . . . . . . . . . . . . . 13
Carole Caron : *La joie des vacances* . . . . . . . . . . . . . . . . . . . . . . 15
Christiane Doré : *Le rêve de mon père* . . . . . . . . . . . . . . . . . . . 17
Dominick Martin : *Fred Perry* . . . . . . . . . . . . . . . . . . . . . . . . . . . 19
Élaine Bertrand : *Regard vers l'avenir* . . . . . . . . . . . . . . . . . . . 21
Gisèle L'Épicier : *La bohémienne* . . . . . . . . . . . . . . . . . . . . . . . . 23
Hélène Filiatreault : *Maggie* . . . . . . . . . . . . . . . . . . . . . . . . . . . . . 25
Marmo : *Moutons dans la brume* . . . . . . . . . . . . . . . . . . . . . . . . 27
Nancy Asselin : *Musique au Petit-Champlain* . . . . . . . . . . . . . 29
Patricia Bellerose : *Eaux vives* . . . . . . . . . . . . . . . . . . . . . . . . . . 31

Annie Cossette
   *Je me trouvais là* . . . . . . . . . . . . . . . . . . . . . . . . . . . . . . . . . . . . . . 37
   *Un appel d'une dame* . . . . . . . . . . . . . . . . . . . . . . . . . . . . . . . . . . 41
   *Ce jour-là* . . . . . . . . . . . . . . . . . . . . . . . . . . . . . . . . . . . . . . . . . . . . . 46
   *Elle se réveilla, étonnée* . . . . . . . . . . . . . . . . . . . . . . . . . . . . . . . . 50

Carole Lussier
   *Soupirs de printemps* . . . . . . . . . . . . . . . . . . . . . . . . . . . . . . . . . . 55
   *Les jardins du cœur* . . . . . . . . . . . . . . . . . . . . . . . . . . . . . . . . . . . 59
   *Corinna* . . . . . . . . . . . . . . . . . . . . . . . . . . . . . . . . . . . . . . . . . . . . . . 63
   *La mort d'une sorcière* . . . . . . . . . . . . . . . . . . . . . . . . . . . . . . . . . 66

Joanne Ranzell

*Envoûtant* . . . . . . . . . . . . . . . . . . . . . . . . . . . . . . . . . . . . . . . . . . . . . 73

*Retour à la source* . . . . . . . . . . . . . . . . . . . . . . . . . . . . . . . . . 76

*La fugueuse* . . . . . . . . . . . . . . . . . . . . . . . . . . . . . . . . . . . . . . . . . 80

*Brume d'anges* . . . . . . . . . . . . . . . . . . . . . . . . . . . . . . . . . . . . 84

Marie Louise Monast

*Douce nostalgie* . . . . . . . . . . . . . . . . . . . . . . . . . . . . . . . . . . . 91

*Raconte-moi ta vie* . . . . . . . . . . . . . . . . . . . . . . . . . . . . . . . . . 95

*L'ange noir* . . . . . . . . . . . . . . . . . . . . . . . . . . . . . . . . . . . . . . . . . 99

*Demain, dès l'aube* . . . . . . . . . . . . . . . . . . . . . . . . . . . . . . . 103

Monique Michaud

*Rozalili* . . . . . . . . . . . . . . . . . . . . . . . . . . . . . . . . . . . . . . . . . . . . . 109

*Voyage sur les ailes des mots* . . . . . . . . . . . . . . . . . . . . . 114

*Ma douce* . . . . . . . . . . . . . . . . . . . . . . . . . . . . . . . . . . . . . . . . . . 118

*Rituel en trois temps* . . . . . . . . . . . . . . . . . . . . . . . . . . . . . . 121

Myriam Wakil

*Dans les vagues* . . . . . . . . . . . . . . . . . . . . . . . . . . . . . . . . . . . 127

*Dis-moi, grand-maman* . . . . . . . . . . . . . . . . . . . . . . . . . . . . 132

*Regards* . . . . . . . . . . . . . . . . . . . . . . . . . . . . . . . . . . . . . . . . . . . . 136

*Perdue* . . . . . . . . . . . . . . . . . . . . . . . . . . . . . . . . . . . . . . . . . . . . . 141

Nicolas Vidril

*La jeune fille et la mort* . . . . . . . . . . . . . . . . . . . . . . . . . . . 149

*Fleurs de sable* . . . . . . . . . . . . . . . . . . . . . . . . . . . . . . . . . . . . 154

*Ma confession* . . . . . . . . . . . . . . . . . . . . . . . . . . . . . . . . . . . . 159

*Maledictus* . . . . . . . . . . . . . . . . . . . . . . . . . . . . . . . . . . . . . . . . 163

Pierre-Luc Salvati

*Regard vers l'avenir* . . . . . . . . . . . . . . . . . . . . . . . . . . . . . . 171

*L'éveil* . . . . . . . . . . . . . . . . . . . . . . . . . . . . . . . . . . . . . . . . . . . . . 176

*La fuite* . . . . . . . . . . . . . . . . . . . . . . . . . . . . . . . . . . . . . . . . . . . . 181

*Un pas vers l'avant* . . . . . . . . . . . . . . . . . . . . . . . . . . . . . . . 186

Véronique Morel
   *Vendredi soir dans la cuisine* . . . . . . . . . . . . . . . . . . . . . . . . . . . . . 193
   *Qu'apporte la lampe à Diogène ?* . . . . . . . . . . . . . . . . . . . . . . . 197
   *Jubilation divine* . . . . . . . . . . . . . . . . . . . . . . . . . . . . . . . . . . . . . 202
   *Vacances sur l'Île Frissons* . . . . . . . . . . . . . . . . . . . . . . . . . . . . 207

Youmna Boustani
   *Nue et toute mouillée* . . . . . . . . . . . . . . . . . . . . . . . . . . . . . . . . . 215
   *Quatre minutes de détente* . . . . . . . . . . . . . . . . . . . . . . . . . . . . 219
   *Philosophie étudiante* . . . . . . . . . . . . . . . . . . . . . . . . . . . . . . . . 223
   *Au parc* . . . . . . . . . . . . . . . . . . . . . . . . . . . . . . . . . . . . . . . . . . . 227

Biographies
*Les auteurs*
   Annie Cossette . . . . . . . . . . . . . . . . . . . . . . . . . . . . . . . . . . . . . . 235
   Carole Lussier . . . . . . . . . . . . . . . . . . . . . . . . . . . . . . . . . . . . . . . 237
   Joanne Ranzell . . . . . . . . . . . . . . . . . . . . . . . . . . . . . . . . . . . . . . 239
   Marie Louise Monast . . . . . . . . . . . . . . . . . . . . . . . . . . . . . . . . 241
   Monique Michaud . . . . . . . . . . . . . . . . . . . . . . . . . . . . . . . . . . 243
   Myriam Wakil . . . . . . . . . . . . . . . . . . . . . . . . . . . . . . . . . . . . . . 245
   Nicolas Vidril . . . . . . . . . . . . . . . . . . . . . . . . . . . . . . . . . . . . . . 247
   Pierre-Luc Salvati . . . . . . . . . . . . . . . . . . . . . . . . . . . . . . . . . . 249
   Véronique Morel . . . . . . . . . . . . . . . . . . . . . . . . . . . . . . . . . . . . 251
   Youmna Boustani . . . . . . . . . . . . . . . . . . . . . . . . . . . . . . . . . . . 253

*Les artistes peintres*
   CaroH . . . . . . . . . . . . . . . . . . . . . . . . . . . . . . . . . . . . . . . . . . . . 257
   Carole Caron . . . . . . . . . . . . . . . . . . . . . . . . . . . . . . . . . . . . . . 259
   Christiane Doré . . . . . . . . . . . . . . . . . . . . . . . . . . . . . . . . . . . . 261
   Dominick Martin . . . . . . . . . . . . . . . . . . . . . . . . . . . . . . . . . . 263
   Élaine Bertrand . . . . . . . . . . . . . . . . . . . . . . . . . . . . . . . . . . . 265
   Gisèle L'Épicier . . . . . . . . . . . . . . . . . . . . . . . . . . . . . . . . . . . . 267
   Hélène Filiatreault . . . . . . . . . . . . . . . . . . . . . . . . . . . . . . . . . 269
   Marmo . . . . . . . . . . . . . . . . . . . . . . . . . . . . . . . . . . . . . . . . . . . 271
   Nancy Asselin . . . . . . . . . . . . . . . . . . . . . . . . . . . . . . . . . . . . . 273
   Patricia Bellerose . . . . . . . . . . . . . . . . . . . . . . . . . . . . . . . . . . 275

AUTRES TITRES PARUS AUX

Éditions *Aveline*

Dans la collection *je plume et tu pinceaux*
    2009, *Des encriers sur la table...*

Lussier, Carole
    2005, *Pêle-mêle*
    2002, *Elle l'appelait son suisse*